윤리,
최대한 쉽게 설명해 드립니다

윤리, 최대한 쉽게 설명해 드립니다

인간은 무엇으로 사는가? 우리에게 꼭 필요한 삶의 지혜를 구하다!

초판 1쇄　펴낸 날 2019년 6월 10일
초판 2쇄　펴낸 날 2021년 7월 26일

지은이　페르난도 사바테르
옮긴이　안성찬

발행인　육혜원
발행처　이화북스
등　록　2017년 12월 26일(제2017-0000-75호)
주　소　서울특별시 마포구 월드컵북로 400 서울산업진흥원 5층 15호
전　화　02-2691-3864
팩　스　031-946-1225
전자우편　ewhabooks@naver.com

편　집　함소연
디자인　책은우주다
마케팅　임동건
ISBN　979-11-965581-3-0 (03190)

인간은 무엇으로 사는가?
우리에게 꼭 필요한 삶의 지혜를 구하다!

윤리

최대한 쉽게 설명해 드립니다

페르난도 사바테르 지음

안성찬 옮김

이화북스

어떤 답도
주지 않는 책

이 책은 청소년을 위한 윤리 참고서가 아니다. 이 책은 역사상 가장 중요한 도덕 이론이나 이를 대표하는 인물들에 대한 내용을 전혀 담고 있지 않다. 이를 테면 나는 일반인들에게 정언명법(칸트의 저서인 『실천이성비판』에 나오는 중요한 용어-옮긴이)을 이해시키기 위해 이 책을 쓴 것이 결코 아니다.

이 책은 또한 낙태, 피임, 양심적 병역 거부 등 우리가 신문이나 길거리에서 매일매일 접하는 쟁점들에 대해 도덕적인 답변을 주고자 하지도 않는다. 나는 윤리가 어떤 쟁점에 답을 내려 줄 수 있다고 생각하지 않는다. 오히려 윤리는 토론이 시작되도록 도와주어야 한다.

상급 학교에서 윤리를 가르치는 것이 옳은 일일까? 나는 이 이름으로 불리는 분야가 종교 수업을 대신하는 것이 불행한 일이라고 생각한다. 윤리는 교리문답을 뒷받침하거나 보완하기 위해 세상에 나온 것이 아니며 오늘날에는 특히 그렇다. 하지만 나는 사람들이 자유의 의미에 대해 몇 가지 근본적인 고찰을 해야 하며, 이럴 경우 다른 학문 분야와 연관해 윤리에 대해 숙고하는 것으로는 불충분하다고 확신하고 있다. 도덕에 대한 성찰은 철학의 더 고급 영역을 연구하려 하는 사람들을 위한 전문 분야의 일에 불과한 것이 아니라 그 이름에 값하는 모든 교육에서 본질적인 부분을 이룬다.

이 책은 결코 책 이상의 것이 되고자 하지 않는다. 이 책은 개인적이고 주관적이다. 모든 관계 중에서 가장 보편적인 관계인 아버지와 아들 사이의 관계가 그런 것처럼. 이 책은 자라나는 이들을 위한 것이기에 아마도 그들을 가르치는 이들에게는 새로운 사실을 그리 많이 알려 주지 못할 것이다. 이 책의 목표는 '올바르게' 생각하는 시민을 만들어 내는 데 있는 것이 아니라 스스로 **생각하는** 사람들의 정신적 성장을 돕는 데 있다.

마드리드에서
페르난도 사바테르

아마도르에게 띄우는 편지

아마도르, 때로 나는 네게 많은 이야기를 들려주고 싶단다. 하지만 안심하렴. 자제력을 발휘할 테니까. 아버지로서 네게 지루한 연설을 해야만 할 기회가 앞으로도 많으리라는 것을 잘 알고 있단다. 철학자로 행세하지도 않겠다. 인내심에도 한계가 있다는 사실을 잘 이해하고 있으니까. 게다가 나는 내 친구에게 일어났던 것과 같은 일이 내게 생기기를 원하지 않는단다.

하루는 이 친구가 다섯 살 된 아들과 함께 한가롭게 바다를 바라보고 있었는데, 이 대담한 어린 꼬마가 꿈꾸는 듯한 표정을 지으며 말했단다. "아빠! 엄마랑 아빠 그리고 나 이렇게 셋이서 함께 작은 배를 타고 먼 바다로 가고 싶어요." 감상적인 내 친구는 목이 메는 듯한 느낌을 받았지. "그래, 내 아들아, 네가 원한다면 언제라도 그렇게 하자꾸나." 아이가 계속해서 자기 꿈을 이야기했단다. "우리가 바다 먼 곳에 이르면 나는 엄마랑 아빠를 물속으로 밀어 버릴 거예요." 심장이 부서질 듯 고통스러운 비명을 지르며 아빠가 말했지. "뭐라고? 내 아들아⋯⋯!" "아빠, 두 분이 끔찍할 정도로 제 신경에 거슬린다는 걸 모르시겠어요?" 첫 수업 끝.

다섯 살 먹은 어린아이도 그렇게 느낀다면, 열다섯 살이 넘은 네가 그러하리라는 것은 두말할 필요도 없겠지. 그래서 말인데, 화목한 가정에서도 흔히 나타나는 부친 살해의 동기들 외에 다른 이야기는 더 하지 않을 생각이다. 게다가 나는 자신이 "아이들의 최고의 친구"라고 자부하는 아버지들을 참을 수가 없단다. 너희는 너희 또래의 친구들을 사귀어야 하겠지. 그게 남자든 여자든 말이다. 부모와 선생님 그리고 다른 어른들과는 서로를 다소나마 잘 이해하는 것이 최상이 아닐까 한다. 그것도 결코 작지 않은 일이지. 하지만 다소나마 어른들과 서로 잘 이해하게 된다는 것은 때로 그를 물에 빠뜨려 죽이고 싶은 충동을 느낀다는 걸 의미하기도 하지. 다른 방도가 없단다.

불가능한 일이겠지만 만일 내가 다시 열다섯 살이 된다면, 너무 많이 공감하려고 하는 어른, 나보다 더 젊어 보이려 하는 어른, 내가 옳다고 말해 주는 모든 어른을 믿지 않을 거다. "너희 젊은 친구들이 최고다", "나도 너희처럼 젊다고 느낀다", 혹은 그와 비슷한 헛소리를 지껄이는 사람들을 알고 있을 거다. 그 사람들을 조심하렴. 그처럼 많은 아첨에는 항상 다른 의도가 숨어 있는 법이다. 올바른 아버지나 선생님은 어느 정도 성가실 수밖에 없지. 그렇지 않다면 그는 아무짝에도 쓸모가 없는 사람이다.

그래서 나는 그동안 이야기하고 싶었지만 하지 못했거나 확신이 서지 않아 미루어 뒀던 그런 문제들에 대해 네게 글을 쓰기로 했다. 아버지가 철학적인 이야기를 꺼내면 할 수 없이 얼굴을 똑바로 쳐다볼 수밖에 없는 법이지. 매우 흥미로워하는 표정을 지으면서도 속으로는 TV 앞으로 달아날 수 있는 해방의 순간을 꿈꾸면서 말이다. 하지만 책은 억지로 존경의 표시를 보일 필요 없이 여가 시간에 네가 읽고 싶을 때 읽을 수가 있지. 책을 읽을 때는 하품을 하거나 웃음을 터뜨리거나 네가 원하는 대로 완전한 자유를 누릴 수 있다. 네게 이야기하려는 내용이 대부분 바로 자유에 대한 것이기 때문에 목사의 설교를 듣는 느낌으로 이 책을 읽으면 좋을 듯하다. 물론 내 말에 조금은 주의를 기울여야 할 것이고, (네가 새로운 컴퓨터 게임을 시작할 때 쏟는 주의력의 절반 정도만 기울이면 충분할 거다) 특히 처음 몇 장에는 인내심을 발휘해야 할 게다. 문제가 매우 복잡해지리라는 것을 알고 있는 경우에도 네 스스로 차근차근 생각해야 하는 노력을 덜어 주려 한다거나 혹은 너를 바보 취급하지는 않을 생각이다. 네가 동의할지 모르겠다만 우리가 어떤 사람을 바보로 취급하면 그는 이전에 그렇지 않았을지라도 금방 실제로 그렇게 되어 버리고 만다는 것이 내 생각이다.

무슨 이야기를 할 거냐고? 나의 삶과 너의 삶, 그 이상도 그 이하도 아니란다. 혹은 네가 원한다면 내가 지금 하고 있고 네가 막 시작한 일이라고 말해도 좋다. 내가 하고 있는 일이 무엇이냐고? 이제야 마침내 네가 몇 년 전에 내게 단도직입적으로 물었지만 대답하지 않았던 질문에 답하려 한다. 아마 너는 기억하지 못 할 거야.

당시 너는 여섯 살이었을 게다. 우리가 토렐로도네스에서 여름을 지냈을 때였지. 다른 날처럼 이날 오후에도 나는 내 방에 갇혀, 푸른 바다 위로 물이 뚝뚝 떨어지는 꼬리를 높이 쳐들고 있는 거대한 고래 사진 앞에 앉아 타자기를 무심코 두드려 대고 있었다. 너와 네 사촌들이 물놀이를 하는 소리가 들려왔지. 나는 너희가 정원을 가로질러 달리는 모습을 내다보았단다. 갑자기 네가 열린 창문가로 달려와 내게 말했지. "아빠, 거기 앉아서 도대체 뭘 그리 골똘히 생각하고 있는 거예요?" **윤리**에 관한 책을 쓰고 있다고 네게 설명하는 것이 무의미한 일이기에 별 신통치 않은 대답을 하고 말았지. 아마 너도 윤리가 무엇인지에 별 관심이 없었을 테고, 내게 3분 이상 관심을 보일 생각도 없었을 게다. 아마 네가 원했던 건 네가 그곳에 있다는 사실을 내가 알아줬으면 하는 것뿐이었을 테지. 내가 그것을 잊고 있을까 봐! 하지만 곧 다른 아이들이 너를 부르자 너는 그곳으로 달려갔다. 나는 그 자리에 계속 앉아 있었지. 그리고 10년이 지난 지금, 마침내 나는 내가 여전히 몰두하고 있는 기묘한 일에 대해 네게 설명해 보기로 결심했다. 윤리 말이다.

그 몇 년 후 너는 또다시 우리의 작은 낙원 토렐로도네스에서 당시 네가 꾸었던 꿈에 대해 나한테 이야기한 적이 있다. 그 일도 이제 잊었니? 칠흑 같은 시커먼 어두운 들판에 서 있었다고 했지. 바람도 무섭게 몰아치고 있었고. 너는 절벽 위에 서 있는 나무들을 꼭 붙잡았지만 폭풍이 너를 「오즈의 마법사」에 나오는 도로시처럼 하늘로 날려 보냈다고 했지. 허공을 맴돌며 미지의 곳으로 날아가면서 내

목소리를 들었다고 했다. ("아빠를 보지는 못했지만 그게 아빠라는 걸 나는 알 수 있었어요."라고 네가 말했단다.) "믿음을 가져라. 믿음을 가져!" 네가 이 기묘한 악몽을 이야기하면서 내게 얼마나 소중한 선물을 했는지 너는 모를 거야. 내가 천년을 더 산다고 해도 내 목소리가 네게 용기를 불러일으켰다는 이야기를 듣고 느꼈던 자부심에 대해 너한테 상을 주고 싶을 거야.

결국 내가 지금부터 네게 이야기하려고 하는 것은 "믿음을 가져라"라는 짧은 충고의 반복에 지나지 않는단다. 물론 나나 그 어떤 현자(그가 비록 진짜 현자라고 할지라도), 시장이나 목사 혹은 경찰관에 대한 믿음을 가지라는 의미가 아니란다. 신이나 악마, 기계나 깃발에 대한 믿음도 아니지. 너 자신에 대한 믿음을 가져라! 지금까지의 너보다 더 나은 사람이 되게 해 주는 네 이성에 대한 믿음, 좋은 친구들의 모임에서 너를 열린 마음이 되게 해 주는 사랑의 본능에 대한 믿음을 가져라! 우리가 무엇을 하는지는 우리가 무엇을 할 수 있다고 믿는지에 달려 있단다.

아마도르에게
아빠가

1   윤리를 배울 필요가 있는 거야?

2   어떻게 행동하는 것이 옳을까?

3 네가 존재하는 목적이 뭐야?

4 브라보! 멋진 삶을 산다는 것

5 가장 중요하고 꼭 필요한 윤리적 조건!

6 멋진 이기주의자가 되는 법

7 "우리는 꿈을 만든 것과 같은 재료로 빚어졌다"

8 오늘을 즐겨라!

9 지구를 지켜라!

모두가 예외 없이 바라는 지식

세상에는 새로운 사실들에 대한 순수한 관심에서 출발한 학문과 무언가를 만들어 낼 수 있는 능력을 습득하기 위한 학문이 있다. 하지만 대부분의 학문들은 직업을 얻어 생계비를 버는 것이 목적이지. 호기심도 없고 지식이 필요하지도 않는 사람이라면 편안한 마음으로 학문을 포기하면 된다. 세상에는 흥미로운 학문이 수없이 많다. 하지만 이 학문들이 아니라도 사람들은 얼마든지 잘 살아갈 수 있다.

예를 들어 나는 다른 사람들에게는 많은 기쁨을 줄 수 있는 천체 물리학이나 가구 제작 기술에 대해 유감스럽게도 전혀 아는 것이 없지만 그렇다고 해서 그것이 내가 인생을 살아나가는 데 장애가 되지는 않는다. 내가 알기로는 너도 축구 규칙은 아주 잘 알지만 야구에 대해서는 거의 알지 못하지. 너는 월드컵 축구 경기에는 열광하지만 미국 메이저리그에 대해서는 야유의 휘파람을 보낸다. 그렇다고 해서 문제될 것은 없단다.

내가 말하고 싶은 건 사람들은 자신의 뜻에 따라 어떤 것들을 배우거나 배우지 않거나 할 수 있다는 점이다. 사람은 모든 것을 알 수는 없기 때문에 무언가를 선택하고 우리가 알지 못하는 것이 얼마나 많은지를 겸손하게 인정하는 것 외에 다른 도리가 없다. 천체물리학, 가구 제작, 축구에 대해 아무것도 모르거나, 심지어 읽고 쓰지 못한다고 해도 사람은 살아갈 수 있다. 그런 경우 비록 더 나쁜 삶을 살게 될지도 모르지만 어쨌든 살아갈 수는 있지.

하지만 반드시 알아야만 하는 것이 있는 법이다. 왜냐하면 사람들이 흔히 말하듯이 거기에 **우리의 삶이 달려 있으니까.** 예를 들어 7층 발코니에서 뛰어내리면 크게 다칠 수 있다는 것, 못과 청산가리를 먹고는 오래 살 수 없다는 것(그러려면 마술사의 도움이 필요할 게다!) 등을 사람들은 반드시 알아야만 한다. 또 이웃을 만날 때마다 그를 두들겨 팬다면 조만간에 안 좋은 결과가 생기리라는 것도 알아야 한다. 이런 것들은 대수롭지 않아 보이지만 실제로는 매우 중요하다. 사람들은 매우 다양한 방식으로 살아갈 수 있지만 그중 어떤 것은 사람의 목숨을 앗아갈 수 있다.

간단히 말해 모든 가능한 지식들 가운데 우리에게 꼭 필요한 지식이 있다. 그것은 무엇이 우리에게 **유용하고** 무엇이 우리에게 해로운지에 대한 지식이다. 어떤 음식이나 태도, 생각 등은 우리에게 해를 끼친다. 물론 우리가 계속 살아가고 싶다는 전제하에서 말이다. 가능한 한 빨리 죽고 싶은 사람이 있다면 양잿물을 마시거나 많은 적을 만들면 된다. 하지만 지금으로서는 우리가 계속 살아가고 싶어 한다는 것을 전제로 삼기로 한다. 자살을 원하는 특수한 경우는 일단 제외하기로 하자. 요컨대 우리에게 **좋은 영향을 미치는** 유익한 것들을 우리는 '선'이라고 부르고, **나쁜 영향을 미치는** 것들을 '악'이라고 부른다. 유익한 것을 아는 것, 다시 말해 선과 악을 구분할 줄 아는 것이 우리 모두가 예외 없이 바라는 지식이다.

앞에서 이미 말했듯이 우리의 몸에 좋은 것과 나쁜 것이 있다. 그래서 우리는 먹어도 좋은 게 무엇인지 알아야 하고, 불이 온기를 주지만 화재를 일으키기도 한다는 사실, 그리고 물이 갈증을 풀어 주지만 우리를 익사시킬 수도 있다는 사실을 알아야 한다. 하지만 때로는 문제가 그리 간단하지 않다. 어떤 약물들은 힘을 북돋워 주거나 기분을 좋게 해 주지만 지속적으로 남용하면 우리에게 해를 끼친다. 그런 약물은 어떤 점에서는 좋지만 어떤 점에서는 나쁘다. 그것은 우리에게 이익이 되면서 동시에 해가 된다. 인간관계에서 이러한 이중성은 더욱 빈번히 나타난다. 거짓말은 말에 대한 신뢰를 파괴하고 인간들에게 서로 적대감을 불러일으키기 때문에 일반적으로 나쁜 것이다. (우리는 공동체에서 함께 살아가기 위해 서로 말을 해야만 하는 것이란다.)

하지만 때로 거짓말은 작은 이익을 얻는 데 유용할 경우도 있다. 혹은 심지어 호의를 베풀기 위해 거짓말이 필요할 때도 있다. 불치의 암에 걸린 사람에게 그의 병세에 대해 진실을 말해 주는 것이 나을까, 아니면 그가 자신의 남은 시간을 불안에 떨지 않고 보낼 수 있도록 그를 속이는 것이 나을까? 거짓말은 우리에게 불쾌감을 주는 나쁜 것이지만 때로는 그것이 좋은 일로 보일 때도 있다는 말이다.

이미 말했지만 다른 사람과 주먹질을 하는 것은 일반적으로 나쁜 일이다. 하지만 우리 눈앞에서 어린 소녀가 폭행을 당하는 모습을 보고도 싸움에 말려들지 않으려고 간섭하지 않는다면 그것이 옳은 일일까? 게다가 다른 사람을 곤란하게 만드는 것에 개의치 않고 항상 올바른 소리만 하고 다니는 사람은 어디서나 사랑받지 못하는 법이다. 그리고 인디아나 존스처럼 소녀를 구하려고 싸움에 끼어드는 사람은 머리가 깨지기 십상인 반면에, 휘파람을 불며 그냥 집으로 가는 사람은 그럴 일이 없을 것이다. 악한 일이 때로는 좋은 것처럼 보이고 선한 일이 경우에 따라서는 나쁜 모습으로 나타나기도 한다는 말이다. 이 얼마나 혼란스러운 일이니!

벌집 짓는 비버, 댐 만드는 벌?

어떻게 살아가야 옳은지를 알기는 그리 쉽지 않단다. 우리가 해야 할 행동에 대한 여러 가지 상반되는 기준들이 있기 때문이지. 수학과 지리학에 뛰어난 소질을 지닌 사람과 그렇지 못한 사람이 있을 때, 뛰어난 사람들은 거의 언제나 원칙적인 의견 일치를 보인다. 하지만 이와 달리 인생에 대한 견해는 매우 상반되게 나타난다. 격렬한 인생을 살고 싶은 사람은 포뮬러1 자동차 경주에 참여하거나 등산에 인생을 바치려 할 것이다. 반면에 조용하고 안전한 삶을 선호하는 사람은 영화를 보며 모험을 즐기겠지.

어떤 사람들은 세상에서 가장 멋진 일은 다른 사람들을 위해 사는 것이라고 확신하는 반면, 또 다른 사람들은 남들이 자신을 위해 사는 게 가장 좋은 일이라고 생각한다. 어떤 사람들은 돈이 가장 중요하고 다른 것은 의미가 없다고 생각하는 반면, 또 다른 사람들은 건강과 사랑, 깊은 애정과 쾌활함이 없다면 돈은 아무 가치가 없다고 주장한다. 의사들은 담배와 술을 멀리 하는 것이 오래 살기 위한 가장 좋은 방법이라고 말하는 반면, 애연가들과 애주가들은 술과 담배 없는 인생은 너무 지루하게 길 뿐이라고 반박한다. 이런 예는 무수히 많다.

모든 사람이 단번에 일치를 볼 수 있는 유일한 의견은 모든 사람의 의견이 일치할 수는 없다는 사실뿐이다. 하지만 이 다양한 의견들이 한 가지 면에서는 일치하고 있다는 점에 유의해야 한다. 그것은 어떻게 사는 것이 옳은지에 대한 의견이 적어도 부분적으로는 각자가 **원하는** 삶에서 나온다는 점이다.

우리의 삶이 미리 예정되어 있다면 이 모든 주장은 조금도 의미가 없을 것이다. 돌이 하늘을 향해 떨어지는가, 땅을 향해 떨어지는가에 대해 토론을 벌이는 사람은 없다. 돌은 땅으로 떨어진다. 그것으로 이야기는 끝이다.

비버는 물가에 댐을 만들고, 벌은 육각형의 구멍들로 이루어진

벌집을 짓는다. 벌집을 짓는 비버는 없고, 댐을 만드는 벌도 없다. 자연계의 모든 동물은 무엇이 그들에게 좋고 나쁜지를 분명히 아는 듯이 보인다. 토론이나 의심은 찾아볼 수 없다. 자연계에는 좋은 동물, 나쁜 동물이란 없다. 파리는 자신을 거미줄로 포획하여 잡아먹는 거미를 나쁘다고 생각하겠지만 거미로서는 달리 도리가 없어 그렇게 할 뿐이다.

네게 멋진 이야기를 하나 들려주마. 1미터 가까운 높이의 돌처럼 단단한 경이로운 집을 짓는 아프리카의 흰개미에 대해 들어 본 적이 있니? 개미의 몸은 연약하기 때문에 (개미에게는 다른 곤충들에게서 볼 수 있는, 몸을 보호해 주는 키틴질 갑옷이 없다) 그들에게는 개미집이 그들보다 무장이 뛰어난 다른 적대적인 개미들로부터 자신들을 보호해 주는 집단적 갑옷의 역할을 하는 셈이지.

그런데 때로 홍수나 코끼리가 이 개미집을 무너뜨리는 일이 생긴다. (코끼리들은 즐겨 이 개미집을 뭉개 버린단다. 어쩔 수 없는 일이지.) 그러면 일개미들이 곧바로 이 손상된 요새를 재건하기 위해 일을 시작하지. 이때 적대적인 커다란 개미들이 공격을 개시한다. 병정개미들이 나와 자신들의 종족을 지키기 위해 적들을 막아내지. 크기와 무장에서 상대가 되지 않기 때문에 이 병정개미들은 적에게 매달려 가능한 한 그들의 진군을 늦추려 한다. 이들은 적의 무서운 턱에 갈가리 찢기고 말지. 일개미들이 무너진 요새를 신속하게 메우기 위해 모든 노력을 다하는 동안 가엾은 병정개미들은 다른 개미들의 안전을 위해 밖에서 영웅적으로 자신을 희생한단다. 이들에게 훈장이라도 수여

해야 하지 않을까? 적어도 영웅 대접은 해 주면 좋을 텐데 말이다.

장면을 바꿔 보자. 하지만 주제는 마찬가지란다. 호메로스의 『일리아스』에는 트로이 최고의 영웅 헥토르가 등장한다. 그는 도시의 성벽 밖에서 무섭게 날뛰는 그리스의 영웅 아킬레우스를 전혀 동요하지 않고 기다리고 있다. 헥토르는 자신보다 강한 아킬레우스가 자신을 죽이리라는 것을 알고 있다. 헥토르는 자신의 가족과 국민들을 무서운 적으로부터 지켜야 하는 자신의 의무를 다하기 위해 그러고 있는 것이다. 누구도 헥토르가 영웅이라는 사실을 의심하지 않는다. 진정한 영웅이지.

그렇다면 병정개미들도 헥토르만큼이나 영웅이 아닐까? 이들의 수백만 번 반복된 영웅적인 행동에 대해서는 비록 호메로스 같은 사람이 이야기를 전해 주지 않지만, 헥토르와 이 이름 없는 개미들은 결국 같은 일을 한 게 아닐까? 헥토르의 행위가 이 곤충들의 행동보다 더 위대하고 고귀하게 느껴지는 것은 무슨 이유에서일까? 이 두 경우 사이에는 어떤 차이가 있는 걸까?

매우 간단하게 대답할 수 있다. 그 차이는 병정개미들은 다른 도리 없이 **그래야만** 하기 때문에 싸우다가 죽는 반면, 헥토르는 그가 **원해서** 아킬레우스와 대결했다는 것이다. 병정개미들은 도주하거나, 배신하거나, 다른 개미들이 그 일을 대신하도록 싸움을 회피할 수 없다. 그들은 자신들의 영웅적인 사명을 완수하도록 자연에 의해 프로그래밍되어 있다.

하지만 헥토르의 경우는 이와 다르다. 그는 몸이 아프다거나, 자신보다 강한 상대와 싸울 생각이 없다고 말할 수 있다. 그럴 경우 아마도 국민들은 그를 비겁자라고 부르고 수치심도 없는 녀석이라고 여길 것이다. 아니면 아킬레우스를 막아 낼 다른 무슨 방도라도 있느냐고 그에게 물을 수도 있겠지. 아무튼 그에게는 영웅이 되는 것을 거부할 가능성이 주어져 있다. 다른 사람들이 그에게 아무리 압력을 가할지라도 그는 사람들이 그에게 기대하는 것을 회피할 수 있다. 다시 말해 그는 영웅이 되도록 프로그래밍되어 있지 않다. 어떤 인간도 그렇게 프로그래밍되어 있지 않다. 바로 이런 이유로 그의 행동은 뛰어난 공훈이다. 호메로스가 그의 이야기를 서사시에서 그토록 길게 쓴 것도 그 때문이다. 개미들과는 달리 헥토르는 **자유롭다.** 우리가 그의 용기에 경탄하는 이유도 그 때문이다.

어쩔 수 없이 행동하는 모든 것들과 우리를 구분 짓는 것

이렇게 하여 우리는 이제 앞에서 말한 그 모든 혼란스러운 문제의 핵심 개념에 도달했다. 바로 자유가 그것이다. 동물들에게는 (광물이나 식물은 차치하고라도) 지금의 모습대로 존재하고 자연이 프로그래밍한 대로 행동하는 것 외에는 다른 선택의 가능성이 없다. 그것을 이유로 그들을 비난한다거나 칭찬하는 것은 무의미하다. 그들은 다른 태도를 취할 수 없기 때문이다. 그렇게 타고난 것이 그들에게 고민할 필요를 줄여 준다는 사실도 분명하다.

어떤 의미에서는 우리 인간도 자연에 의해 프로그래밍되어 있다. 인간은 양잿물이 아니라 물을 마시도록 창조되었다. 아무리 주의한다고 해도 인간은 언젠가는 죽게 마련이다. 또 절대적으로는 아닐지라도 상대적으로 우리는 문화적 프로그래밍의 영향 속에 살고 있다. 우리의 사고는 그것을 이루는 언어에 의해 규정된다. (언어는 우리가 개인적으로 사용하기 위해 발명한 것이 아니라 외부에서 우리에게 주어진 것이다.) 그 밖에도 우리는 특정한 전통 속에서 교육받으며 특정한 습관, 태도, 전설 등을 배운다. 한마디로 우리는 요람에서부터 전통을 주입받고 특정한 것들에 고착된다. 그 결과 우리는 상당히 예측 가능한 존재로서 살아간다.

방금 이야기한 헥토르의 경우를 예로 들어 보자. 자연의 프로그래밍에 따라 그는 보호와 거주, 상호 협력의 필요성을 인식하고 있다. 그가 태어난 도시 트로이는 이러한 이점들을 그에게 제공해 주었다. 안락한 가정을 만들어 준 아내 안드로마케와 생물학적 유대 관계로 맺어진 아들에게 그가 애정을 가진 것도 지극히 자연스러운 일이다. 문화적으로는 그 자신을 트로이의 한 부분으로 여기며 트로이 사람들과 언어, 관습, 전통을 공유하고 있었다. 그 밖에도 그는 어린 시절부터 국가를 위해 싸워야 하는 무사로서 교육을 받으며 자랐다. 사람들은 그에게 비겁함은 남자에게 어울리지 않는 수치스러운 일이라고 이야기했을 것이다. 헥토르는 자신의 동족을 배신하면 경멸과 징벌을 받으리라는 것을 알고 있었다. 그런 의미에서 그가 취했던 행동도 이미 상당히 프로그래밍되어 있었다고 할 수 있겠지.

그렇지 않니? 하지만 그럼에도….

그럼에도 헥토르는 그 모든 것을 거부할 수도 있었다. 그는 여자로 변장하고 밤에 트로이에서 달아날 수도 있었을 것이다. 또는 결투를 회피하기 위해 아픈 척하거나 미친 척할 수도 있었다. 아니면 아킬레우스 앞에 무릎을 꿇고 사령관으로서 자신의 직책을 이용해 트로이의 취약한 곳으로 침공할 수 있도록 도와주겠노라고 제안할 수도 있었을 것이다. 아니면 술에 빠져 버리거나, 적과 싸우면 안 되고 자신의 오른뺨을 때리는 자에게 왼뺨도 내주라고 설교하는 종교를 창시할 수도 있었을 것이다.

너는 이렇게 말할지도 모른다. 헥토르가 어떤 사람이고 그가 어떤 교육을 받았는지를 생각한다면 그런 모든 태도는 매우 기이하게 여겨질 것이라고. 하지만 너는 이것이 단지 생각의 유희에 불과한 것은 아니라는 점을 인정해야 한다. 벌집을 만드는 비버나 적에게 투항하는 개미는 있을 수 없다. 동물이나 다른 생물과는 달리 인간의 경우에는 분명하게 단언할 수 있는 것이 없다. 아무리 인간이 생물학적으로 그리고 문화적으로 프로그래밍되어 있다고 할지라도 궁극적으로 인간은 프로그램에 미리 예정되어 있지 않은 (적어도 그 안에 완전히 포함되어 있지 않은) 것을 선택할 수 있다. 우리는 '예'와 '아니오', '나는 원한다'와 '나는 원하지 않는다'를 말할 수 있다. 아무리 상황의 압박을 받는다고 할지라도 우리가 따를 수 있는 길은 한 가지가 아니라 여러 가지다.

내가 자유라는 말로 뜻하는 바는 바로 이것이다. 이것이 개미나

벌, 밀물과 썰물, 그리고 어쩔 수 없이 행동하는 모든 것들과 우리를 구분 짓게 해 준다. 우리는 우리가 원하는 모든 것을 할 수는 없다. 그것은 분명한 사실이다. 하지만 우리가 한 가지 행동만을 원하도록 규정되어 있지 않다는 것도 마찬가지로 분명한 사실이다. 이제 자유에 관한 두 가지 이야기를 들려줄 때가 되었다.

'휴, 자유롭지 못해서 다행이야!'

첫째로, 우리는 우리에게 일어나는 일을 (태어난 날짜, 부모, 국가, 암에 걸리거나 자동차에 치이는 일, 잘생기거나 못생긴 것, 그리스에 침공당하는 것 등) 자유로이 선택할 수 있어서가 아니라 우리에게 일어나는 일에 이렇게 혹은 저렇게 (복종하거나 반항하는 것, 조심스럽거나 과감한 것, 복수심에 불타거나 굴종하는 것, 최신 유행에 따라 옷을 입거나 곰처럼 분장하는 것, 트로이를 지키거나 도망가는 것 등) 대응할 수 있다는 점에서 자유롭다.

둘째로, 무언가를 **시도하는** 자유는 그것을 확실히 **이루는** 것과는 **무관하다.** (가능성 안에서의 선택을 의미하는) 자유는 (불가능한 것처럼 보이는 것도 원하기만 하면 항상 이룰 수 있는) 전지전능함과는 다른 것이다. 하지만 우리의 능력이 커질수록 우리의 자유로부터 얻어 낼 수 있는 이득도 그만큼 커지는 것은 물론이다. 에베레스트산에 오르기를 원하는 것은 나의 자유지만 내 체력이 형편없고, 등반 연습을 하지 않은 탓에 그 목표를 이루는 일은 실질적으로 불가능하다. 반면에 책을 읽을 것인가 말 것인가를 자유로이 선택하는 문제라면, 어려서부터 책 읽기를 습관화해 온 나에게 책을 읽는 쪽을 선택하는 것은 전혀 어려운 일이 아니다.

내 의지에 달려 있는 일들이 있지만 (이는 자유롭다는 것을 의미한다) 모든 일이 내 의지에 달려 있는 것은 아니다. (그렇지 않다면 나는 전지전능할 것이다.) 세상에는 내 뜻대로 통제할 수 없는 다른 많은 의지들과 무수히 많은 다른 필연적인 일들이 있다. 내가 나 자신을 알지 못하고 내가 살고 있는 세계도 알지 못한다면 나의 자유는 매번 필연성에 부딪혀 좌절하고 말 것이다. 하지만 중요한 건 그렇다고 해서 내가 자유롭기를 그만두지는 않는다는 사실이다. 비록 그것이 나를 화나게 만든다고 할지라도.

지진이나 질병, 폭군에 이르기까지 현실에서는 우리의 자유를 제한하는 많은 힘들이 존재한다. 하지만 우리의 자유도 세계 내에 존재하는 하나의 힘이다. 그것은 우리의 힘이다. 그러나 사람들과 이야기해 보면 대부분의 사람들이 자유보다는 그들의 자유를 제한하는 것들에 대해 훨씬 더 많이 의식하고 있음을 확인할 수 있을 게다. 그들은 네게 말할 것이다. "자유라고? 어떤 자유를 말하는 거지? TV가 우리의 뇌를 점령하고, 정치가들이 우리를 그럴듯하게 속여 조종하고, 테러리스트들이 우리를 위협하고, 마약이 우리를 노예로 만들고, 오토바이를 사려 해도 살 돈이 없는데 대체 우리가 어떻게 자유로울 수 있겠니?" 네가 조금만 주의를 기울인다면 한탄하는 듯이 말하는 그 사람들이 실제로는 자신들이 **자유롭지 못하다**는 사실에 매우 만족하고 있음을 확인할 수 있을 게다. 그들은 속으로 이렇게 생각하고 있다. '휴, 다행이야! 자유롭지 못한 덕분에, 일어나고 있는 일들에 **책임**지지 않아도 되잖아.'

하지만 나는 누구도 - **어느 누구도** - 자신이 자유롭지 않다고 생각하는 사람은 없다고 확신한다. 자신이 시계나 개미 같은 기능을 하고 있다는 주장을 아무 이의 없이 받아들이는 사람은 없을 게다. 특정한 상황에서 특정한 일(예를 들어 어린아이를 구하려고 불타는 집으로 뛰어들거나 당당하게 폭군에 맞서는 일)에 대해 자유로운 결단을 내리기가 매우 어려울 수는 있다. 그렇기 때문에 사람들은 차라리 자유가 없다고 말한다. 이렇게 함으로써 사람들은 자신이 자유로운 인간으로서 - 소방대를 기다리거나 자신의 목을 짓누르고 있는 자의 발뒤꿈치를 핥는 것과 같은 - 가장 손쉬운 일을 선택했다는 사실을 인정할 필요가 없게 된다. 하지만 우리 마음속 깊은 곳에서는 무언가가 단호하게 다음과 같이 말하고 있음을 느낄 것이다. "네가 만일 그것을 진정으로 원했다면…."

우리 인간이 자유롭다는 사실을 누군가가 완강하게 부정한다면 로마의 철학자가 사용했던 방법을 네게 권하고 싶구나. 고대 로마의 한 철학자가 인간의 자유를 부정하는 한 친구와 토론을 벌이고 있었다. 그 친구는 모든 인간이 정해진 대로 행동할 수밖에 없다고 주장했지. 그러자 그 철학자는 자신의 지팡이로 그 친구를 있는 힘껏 내려치기 시작했다. "무슨 짓인가? 그만하게! 그만 좀 하라고!" 친구가 소리쳤지만 그 철학자는 멈추지 않고 이렇게 말했단다. "자네는 내가 자유롭지 않고 이미 정해진 대로 행동할 수밖에 없다고 말하지 않았나? 그러니 내게 그만 때리라고 간청하는 수고를 아끼게나. 나는 자동기계니까." 그 친구가 마침내 이 철학자가 자신을 두들겨 패는 것을 자유로이 그만둘 수 있다고 인정하자 비로소 그는 매질을 멈췄지. 이런 방법도 나쁘지는 않지만 아주 극단적인 경우에만, 예를 들자면 태권도 같은 무술을 할 줄 모르는 친구들에게만 사용하기 바란다.

결론을 말하자면 다른 생물이나 무생물과는 달리 우리 인간은 어떻게 살고 싶은지에 대해 어느 정도는 스스로 생각해 **선택할** 수 있다. 우리는 우리에게 좋다고 여겨지는 것, 다시 말헤 우리에게 적합하다고 생각되는 것을 결정할 수 있다. 우리 인간은 생각을 통해 선택할 수 있기 때문에 **잘못을 범할 수 있다.** 하지만 비버, 개미, 벌은 그렇지 않지. 그러니 올바르게 행동할 수 있게 만들어 주는 삶의 지혜를 얻기 위해 노력하는 것이 이성적인 태도일 거야. 이러한 삶의 지혜, 혹은 **삶의 기술을** 윤리라고 부른다. 네가 아직 인내심을 발휘할 수 있다면 다음 장에서 계속 이야기하기로 하자.

「트로이의 목마」(1502년 스트라스부르에서 인쇄)

훌륭하게 장식된 방패와 투구를 땅에 내려놓고

창을 성벽에 기대어 놓은 후

고결한 아킬레우스에게로 다가가

파리스(알렉산드로스라고 불리기도 한다.)가 빈 배에 가득 채워 트로이로 가져온

보화 전부와 헬레나를 −이것이 전쟁의 시작이었지−

그리스인들에게 돌려주고
이에 덧붙여 이 도시가 지니고 있는 다른 것들도 선물한다면,
그리고 아무것도 감추지 말고
이 사랑스런 도시가 지켜 온 모든 것을 반씩 나누라는
가장 오래된 서약을 트로이인들에게서 빼앗아 버린다면—
그러나 나의 용기는 이 모든 것에 대해 내게 뭐라고 말할 것인가?

_호메로스, 『일리아스』

자유는 철학이 아니며 이념은 더더욱 아니다. 자유는 특정한 순간에 우리에게 '예'와 '아니오'라는 말을 하게 하는 의식의 자극이다. 이 번개처럼 짧은 순간에 인간 본성 속에 있는 대립적인 것이 나타난다.

_옥타비오 파스, 『타자의 목소리』

인간은 인류에게 주어진 행동 양식을 반복하며 살지 않는다. 모든 인간은 각자 자신의 삶을 산다. 인간은 **지루함**과 **불만**을 느끼고 자신이 낙원에서 추방되었다고 믿는 유일한 생물이다.

_에리히 프롬, 『정신분석학과 윤리』

빌어먹을 폭풍우 속에서 살아남기

앞에서 이야기했던 내용을 간략하게 정리하고 넘어가자. 우리의 삶에 좋은 것들이 있고, 또 그렇지 못한 것들이 있는 건 분명한 사실이다. 하지만 무엇이 우리에게 진정으로 좋은지는 분명하지 않다. 우리에게 일어나는 일을 선택할 수는 없지만 그 일에 대응해 행동할 수는 있다.

지나친 겸손은 집어치우기로 하자. 우리는 뛰어난 공훈을 세우는 개미보다는 헥토르에 더 가깝다. 우리가 어떤 일을 행하는 이유는 그 일을 다른 일보다 선호하기 때문이거나 아니면 아무것도 안 하는 것보다 낫다고 생각하기 때문이다. 그렇다면 우리는 항상 우리가 원하는 일만 행하는 것일까? 반드시 그렇지는 않다. 때로 우리는 상황에 따라 우리 스스로가 고른 것이 아닌 두 가지 가능성 사이에서 선택하도록 강요받는다. 심지어 선택하지 않는 것이 더 나은데도 선택을 해야만 하는 경우도 있다.

이 문제에 대해 최초로 깊이 생각한 철학자인 아리스토텔레스는 이런 예를 들었다. 무겁고 값진 화물을 실은 배가 한 항구에서 다른 항구로 짐을 실어 나르고 있다. 도중에 심한 폭풍우가 이 배를 덮친다. 화물을 바다에 던져 버리는 것 외에는 배와 선원을 구할 수 있는 방법이 없어 보인다. 선장은 이런 문제에 직면하게 된다. "화물을 바다로 던져 버릴 것인가, 아니면 날씨가 다시 좋아지거나 배가 견뎌 내리라는 희망을 갖고 화물칸에 짐을 실은 채로 배를 운항할 것인가?"

선장이 화물을 바다에 던져 버린다면, 그렇게 하는 편이 위험을 무릅쓰는 것보다 낫다고 판단했기 때문일 테지. 하지만 단순히 선장이 그 짐을 내버리기를 원해서 그렇게 했다고 쉽게 말하는 것은 옳지 못하다. 그가 진정으로 **원하는** 것은 선원과 배와 화물 모두를 잃지 않고 항구에 무사히 도착하는 일일 테니까. 이것이 그가 원하는 가장 만족스러운 결과라는 사실은 두말할 필요가 없다. 하지만 그는 폭풍우를 만났고, 아무리 값진 것이라 할지라도 화물을 내버리고 배와 선원을 구하는 쪽을 택한다. "이 빌어먹을 폭풍우만 아니었더라면!"이라고 한탄하면서 말이다. 하지만 그는 어쩔 도리가 없다. 이것은 그가 원하건 원치 않건 간에 그에게 일어난 일이고 그에게 강제적으로 주어진 상황이다.

그는 이 위험 속에서 자신의 행동만은 선택할 수 있다. 그가 화물을 바다에 버린다면 이는 그가 이 행동을 원하기 때문이다. 동시에 그가 이 행동을 원하지 않는 것도 사실이다. (선장이 폭풍우 속에서 화물을 버리는 행위는 폭풍우를 만나지 않았다면 하지 않았을 행위라는 점에서 폭풍우에 의해 강제된 비자발적인 행위이지만, 동시에 그 상황에서 자신과 동료 선원들의 생명을 구하기 위해 화물을 버리기로 결정했다는 점에서 자발적인 행위이다.) 그는 살기를 원한다. 그는 자신과 선원 그리고 배를 구하기를 원한다. 하지만 그는 화물과 그것이 가져다줄 이익을 희생하기를 원하지 않는다. 그는 그것을 결코 원하지 않는데도 그 화물을 포기하는 것이다. 그가 화물을 잃는 것과 생명을 잃는 것 사이에서 양자택일을 해야 하는 상황을 원하지 않는다는 건 의심할 여지가 없다. 하지만 그에게는 결단을 내리는 것 외에 다른 방법이 없다. 그는 그가 더 원하는 것, 더 옳다고 생각하는 쪽을 선택하게 된다.

따라서 우리는 이렇게 말할 수 있다. 그는 자유로운 결단 외에 다른 어떤 선택의 가능성이 없다는 의미에서, 다시 말해 그가 선택하지 않은 상황에서도 결정한다는 의미에서 자유롭다.

어렵거나 중요한 상황에 처해 어떻게 행동하는 것이 옳은지를 심사숙고해야 하는 경우 우리는 아리스토텔레스가 이야기한 선장과 비슷한 처지에 놓인다. 하지만 상황이 항상 그렇게 나쁜 것만은 아니다. 대체로 상황은 그렇게 험악하지 않다. 폭풍우 같은 예만 계속 든다면 항공학교 생도처럼 다음과 같이 이의를 제기할 수도 있을 것이다. 선생이 "폭풍우가 불어 엔진이 떨어져 나간다면 어떻게 하겠는가?"라고 묻자 그 생도는 이렇게 대답했다는구나. "다른 엔진으로

계속 비행하겠습니다." "또 한 차례 폭풍이 불어 그 엔진도 떨어져 나간다면 어떻게 할 거지?" "또 다른 엔진으로 계속 비행할 겁니다." "그 엔진도 폭풍우에 고장 난다면?" "또 다른 엔진으로 계속 비행하지요." 선생이 화가 나서 말했지. "어디서 그렇게 많은 엔진을 구해 올 거지?" 그 생도가 시원하게 대답했다. "선생님께서 그토록 많은 폭풍우를 구해 온 곳에서요." 그러니 무서운 폭풍우는 그만 집어치우고 좋은 날씨에 일어나는 일들을 살펴보기로 하자.

팬티 위에 바지를 입는 문제에 대해 심사숙고해 본 적 있어?

　우리는 보통 어떻게 행동하는 것이 자신에게 더 적절하고 무엇이 그렇지 않은지를 이리저리 심사숙고하면서 살지는 않는다. 다행스럽게도 우리가 앞서 말한 선장처럼 인생의 큰 위기에 처하는 경우는 그리 흔치 않다. 솔직히 말해 우리는 대부분 그리 깊이 생각할 필요 없이 자동적으로 행동한다. 오늘 오전에 네가 했던 일들을 떠올려 보렴.

　고약할 정도로 이른 시간에 자명종이 울렸고, 너는 속으로는 아마 그놈을 벽에 던져 버리고 싶었겠지만 그러는 대신에 자명종을 끄고 침대 위에서 몇 분만이라도 더 편안함을 즐기려고 잠시 그대로 누워 있었지. 그러다가 점점 시간이 지나가고, 통학버스는 너를 기다려 주지 않는다는 데 생각이 미치자 체념하고 자리에서 일어났지. 나는 네가 이 닦기를 그리 좋아하지 않는다는 걸 잘 알고 있다. 하지만 내가 이는 반드시 닦아야 한다고 하자 너는 하품을 하면서 칫솔과 치약을 집어 들었지. 너는 거의 아무런 생각 없이 샤워를 했을 게다. 그건 매일 아침마다 하는 일상적인 일이니까. 그다음에 우유를 탄 커피를 마시고 버터 바른 빵을 먹었지. 그리고 삭막한 거리로 나선 너는 버스정류장으로 가는 동안 머릿속에 수학 문제를 떠올리며 – 오늘 모둠 발표가 있다고 했지? – 별 생각 없이 빈 콜라 깡통을 몇 번 짓밟았지. 버스가 도착했고 학교로 가서….

　네가 이 모든 행동을 하면서 불안하게 자문했다고 생각되지는 않는다. "자리에서 일어날 것인가, 말 것인가? 샤워를 할 것인가, 말 것인가? 아침을 먹을까, 말까? 이것이 문제로다." 배가 난파할 위험에 처해 화물을 바다에 내던져야 할지 말지를 놓고 되도록 빨리 결단을 내려야 하는 그 가엾은 선장의 불안과, 오늘 아침 네가 아직 잠에서 덜 깬 상태로 내린 결정은 비슷한 데가 별로 없다. 너는 스스로에게 많은 질문을 할 필요 없이 거의 본능적으로 행동했을 것이다. 보통은 이런 행동이 훨씬 편하고 효과적이다. 어떻게 행동하는 것이 옳은지에 대해 생각을 너무 많이 하면 오히려 사고가 마비되는 법이다. 네가 걸음마를 처음 시작할 때 네 발을 관찰하면서 "이제 오른발, 그리고 왼발, 다시…" 하는 방식으로 스스로에게 말한다면 어떨까. 그렇게 한다면 너는 틀림없이 넘어지거나 아니면 그저 서 있게 될 것이다. 하지만 이제 나는 네 하루를 돌아보며 오늘 아침 네가 스스로에게 묻지 않았던 것을 곰곰이 물어보았으면 한다. 왜 나는 그렇게 행동했을까? 왜 이런 행동을 하고 반대로 다른 행동을 하지 않았을까?

이런 질문이 매우 성가시다고 생각하겠지. 너는 오늘 왜 일곱 시 반에 일어나 이를 닦고 학교에 갔지? 내가 왜 이런 질문을 하는지 그 이유를 알겠니? 바로 내가 반드시 그렇게 해야 한다고 위협하거나 약속하면서 네가 그렇게 행동하도록 수천 번이나 너를 성가시게 했기 때문이란다. 침대에서 일어나지 않으면 아빠는 나를 죽이려는 시늉을 할 거야! 물론 샤워나 아침식사 같은 어떤 행동들은 나를 생각하지 않고 그냥 했을 테지. 그건 세상 모든 사람들이 자리에서 일어나면 항상 반복해서 하는 일이니까. 그렇지 않니? 아무리 날씨가 더워도 팬티만 입고 나가지 않고 꼭 바지를 입는 것도 마찬가지란다. 통학버스를 타는 일도 마찬가지지. 제시간에 학교에 가려면 다른 도리가 없으니까. 걸어가기에는 학교까지의 거리가 너무 멀고 나는 네 등굣길과 하굣길에 택시를 태워 줄 만큼 넉넉하지 않으니까. 콜라 깡통을 짓밟은 이유는 무엇일까? 그건 아마도… 그래, 그건 네게 재미있게 느껴졌을 거야.

명령해 줘, 명령에 저항하는 기쁨을 누릴 수 있게!

이제 네가 아침에 한 행동들의 동기를 좀 더 자세히 들여다보자. 여기서 말하는 '동기'가 무엇을 뜻하는지 알고 있니? 그건 어떤 행동을 할 때 네가 품고 있던, 혹은 그랬다고 생각하는 이유, 네가 네 행동에 대해 곰곰이 생각해 스스로를 납득시킬 수 있는 설명을 말한다. 한마디로 네가 "나는 왜 이렇게 행동하는가?"에 대해 스스로에게 물었을 때 떠오르는 최선의 대답을 뜻한단다.

네가 인식하고 있는 동기 중 하나는 내가 너에게 이렇게 혹은 저렇게 행동하라고 주문했다는 것이겠지. 이런 동기를 우리는 **명령**이라고 부른다. 또 다른 경우의 동기는 네가 별 생각 없이 습관적으로 똑같은 행동을 반복하거나 네 주위의 모두가 일상적으로 그렇게 행동하는 경우란다. 이런 동기를 우리는 **관습**이라고 부른다. 또 다른 경우로서 - 예를 들어 깡통을 밟는 것처럼 - 아무런 동기가 없어 보이는 동기, 그저 그렇게 하고 싶고, 그저 재미로 하는 행동의 동기가 있다. 이런 행동의 이유를 **기분**이라고 부른다면 동의하겠니?

거리로 나가기 위해 창문으로 뛰어내리는 대신에 계단을 내려간 다거나, 버스를 타고 학교에 가는 일, 커피를 마시기 위해 잔을 사용하는 일처럼 네가 무언가를 이루기 위해 자동적으로 행하는 실용적인 행동의 동기들은 여기서 다루지 않으려 한다.

여기서는 명령, 관습, 기분, 이 세 가지 종류의 동기만을 자세히 다뤄 보자. 이 동기들은 이런저런 경향의 네 행동들에 영향을 미치고 네가 행할 수 있는 수많은 다른 것들보다 지금 선택한 행동들을 선호하는 이유를 설명해 준다. 이 동기들과 관련해 내 머리에 떠오르는 첫 번째 질문은 이 동기들이 각각 어떤 방식으로, 그리고 어느 정도로 강하게 너를 행동으로 이끄는가 하는 것이다. 주어진 상황에서 이 동기들이 모두 같은 중요성을 지니고 있지는 않으니까 말이다. 학교에 가기 위해 제시간에 일어나는 일은 이를 닦거나 샤워를 하는 것, 그리고 콜라 깡통을 밟은 것보다 훨씬 중요하다고 나는 생각한다. 또 바지나 적어도 팬티를 입는 것도 학교에 가는 것만큼이나 중요한 일이다. 그렇지 않니? 내가 말하고자 하는 것은 모든 동기가 각각 중요성의 정도를 지니고 있어 나름의 방식으로 네게 영향을 미친다는 점이다. 예를 들어 명령의 힘은 부분적으로는 내 말에 따르지 않을 때 가해질 무서운 처벌에 대한 네 불안에서 나온다. 하지만 나에 대한 너의 애정과 신뢰도 한몫을 하겠지. 그러기를 바란다.

그 때문에 내가 내리는 명령이 너를 지켜 주고 키워 주고 – 좋은 약이 입에는 쓰다고 하지 않니? – 다 네가 잘 되기를 바라서 그러는 것이라고 내심으로 믿고 있을 게다. 물론 명령은 네가 내 기대에 부응해 행동하면 돈이나 선물 같은 대가를 받게 될 거라고 믿기 때문에 영향력을 가지기도 한다.

　반면에 관습은 오히려 어떤 특정한 상황에서 일상적 관행을 따르면 가장 편하다는 사실, 또는 다른 사람들과 대립하지 않는 편이 네게 이익이 된다는 사실에 그 근거를 두고 있다. 두 번째 의미의 관습은 다른 사람들의 압력과 관련이 있는 셈이지. 관습에도 특수한 종류의 명령에 대한 복종과 비슷한 것이 있다. 그 한 예가 유행이지. 네 친구들이 모두 그렇게 하고 다니기 때문에, 네가 별나게 보이지 않으려고 얼마나 많은 가죽옷, 운동화, 장신구를 몸에 걸치고 다녀야 하는지를 생각해 보렴.

　명령과 관습은 한 가지 점에서 일치한다. 이 둘은 네 허락 여부를 묻지 않고 밖으로부터 네게 강요한다. 반면에 기분은 누가 네게 명령하거나 네가 누구를 따라하는 것이 아니라 안으로부터 자발적으로 나온다. 명령을 실행하는 일과 관습에 순응하는 일, 그리고 기분에 따르는 일 중에서 어느 때 가장 자유롭다고 느끼는지 묻는다면, 너는 기분에 따르는 일이 다른 사람이 아니라 너 자신에게 달려 있기 때문에 가장 자유롭다고 대답할 것이다. 하지만 어찌 알겠니? 기분이 가장 네 맘에 드는 이유는 네가 누군가를 따라하기 때문이거나 네가 명령을 받고 그 반대로 행하는 데에서 생기는 기쁨 때문일 수도 있지 않겠니? 다시 말해서 그것은 명령에 저항하는 기쁨, 네가 따르지 않은 그 명령이 앞서 있지 않았다면 네 안에서 일깨워지지 않았을 기쁨이라는 거지. 하지만 일단 이런 문제는 그냥 덮어 두도록 하자. 이미 혼란스러운 문제는 충분히 겪었으니까.

명령, 관습, 기분에 따르지 않고, 다시 폭풍우에서 벗어나기

이 장을 끝내기 전에 아리스토텔레스가 이야기한, 폭풍우를 만난 그리스 배로 다시 되돌아가 보기로 하자. 파도와 천둥으로 시작했으니 그것으로 끝을 맺으면 이 장이 대칭의 균형을 이룰 수가 있을 게다. 그 배의 선장은 위험한 상황에서 배가 난파되는 것을 막기 위해 화물을 바다로 던질지 말지를 결정해야 했다. 물론 그는 화물을 항구로 운송하라는 명령을 받았지. 화물을 바다에 버리는 것은 관습이 아닐뿐더러 선장이 처한 위기 상황에서는 기분에 따르는 것도 전혀 도움이 되지 못할 거야. 그가 자신과 모든 선원이 목숨을 잃을 수도 있는 위험을 무릅쓰고 명령에 따를까? 선장은 윗사람의 분노와 무섭게 날뛰는 바다 중에서 어느 쪽에 더 큰 두려움을 느꼈을까? 정상적인 상황에서는 명령을 실행하는 것으로 충분하지만 때로는 어디까지 복종해야 할지에 대해 스스로에게 물어보는 것이 현명한 일이다. 선장은, 자연의 충동에 따르는 것 외에는 선택의 여지가 없이 가미카제 특공대처럼 개미집에서 나와 죽어가는 개미들과는 결국 근본적으로 다른 존재다.

선장이 처한 상황에서 명령이 별 의미가 없다면 관습은 더욱 의미가 없다. 관습은 정상적인 상황, 일상의 궤도를 위해 존재하는 것이다. 깊은 바다에서 만난 폭풍우는 일상의 궤도와는 전혀 무관한 상황이다. 너는 매일 아침 당연히 팬티와 바지를 입지만 집에 불이 나서 옷 입을 시간이 전혀 없다면 그건 그리 중요한 문제가 아닐 것이다. 몇 년 전 멕시코에 지진이 일어났을 때 내 친구 하나가 눈앞에서 집이 무너져 내리는 것을 목격한 일이 있다. 그 친구는 서둘러 달려가 폐허에 깔린 희생자 한 사람을 끌어내리려 했지. 그런데 이해할 수 없게도 그 사람이 폐허 더미에서 나오려 하지 않았다는구나. 그러더니 마침내 이렇게 고백했단다. "지금 아무것도 안 입고 있어요." 한 줌의 천 쪼가리를 이처럼 부적절한 상황에서도 열렬히 옹호하는 것에 대해 심판이 특별상이라도 줘야 할 게다! 관습에 이 정도로 순응하는 건 병적이라고 봐야 하지 않을까?

우리의 그리스 선장은 현실적인 사람이라서 배가 위험에 처하게 되자 화물을 구하는 일상적인 관행이 그의 행동에 끼어들 틈이 없었을 것이다. 또 선장은 이런 일이 생길 경우 대부분의 정상적인 사람들이 그렇게 하기 때문에 화물을 내버린 것도 아니다. 상황이 위급해지면 유행이나 관습을 따르지 않고 스스로 생각해 내야만 한다.

기분에 따르는 것도 이런 상황에서는 전혀 적합하지 않다. 그 선장이 화물을 바다에 버린 이유가 그것이 현명한 일이라고 생각했기 때문이 아니라 기분에 따라 그런 것이라면 (따라서 마찬가지 이유로 그것을 화물칸에 그대로 놓아 둘 수도 있었다면) 네 생각은 어때? 내가 대신 대답해 주지. 그 신장은 제정신이 아닌 거겠지. 기분에 따라 소중한 생명과 재산을 걸고 모험을 하다니. 제정신이 아닌 사람의 기분이 다른 사람의 재산과 생명을 위험에 빠뜨린다면 엄중한 심판을 받아야 할 게다. 그처럼 변덕스럽고 믿을 수 없는 사람에게 배의 명령권을 주다니 있어서는 안 될 일이지. 그런 폭풍우를 만났을 때 이성적인 사람이라면 모든 변덕스러운 기분에서 벗어나 오직 아무런 실수 없이 올바른 결정을 내리겠다는 강렬한 소망만을 지녀야 한다.

이제 무사히 항구에 도착할 최선의 방법을 찾는 단순하고 실제적인 문제가 남았구나. 화물이나 선원 어느 쪽이든지 무게만 조금 줄이면 배를 구하기에 충분하다는 게 선장이 도달한 결론이라고 하자. 선장은 네다섯 명의 무능한 선원을 바다에 버려서 화물을 지킬 수도 있다. 실용적인 관점에서 본다면 이것이 목숨도 구하고 물질적 이익도 지키는 최선의 해결책일지도 모르지. 하지만 이런 결정은 내게 거부감을 느끼게 한다. 네게도 그럴 게다. 그 이유가 무엇일까? 그런 일을 하면 안 된다고 사람들이 내게 명령했기 때문일까, 아니면 그것이 관습에 어긋나기 때문일까, 그렇지 않으면 단지 – 내가 아무리 변덕스러울지라도 – 그렇게 행동하는 것이 마음에 꺼려지기 때문일까?

그 선장이 마지막에 어떤 결정을 내렸는지는 여기서 네게 이야기하지 않겠다. 다만 그가 올바르게 행동하고 마침내 순풍을 만나

집으로 돌아갔기를 바랄 뿐이다. 그 선장을 생각할 때면 나는 우리 모두가 같은 배를 타고 있다는 생각이 든단다. 하지만 지금은 우리가 던진 질문에 머무르며 순풍이 우리를 다음 장까지 데려다 주기만을 바라기로 하자. 그곳에서 다시 만나 이 질문에 답하기 위해 노력해 보자.

ARISTOTELIS DE
MORIBVS AD NICOMACHVM
LIBRI DECEM.

Græcis Latina eregionè respondent, interprete DIONY-
SIO LAMBINO:cum eiusdem Annotationibus,&
THEOD. ZVINGGERI Scholijs.

LIBER PRIMVS.
CAPVT PRIMVM.

Tria ueluti prolegomena declarat:Subiectum scilicet philosophiæ Ethicæ:
Modum siue rationem eius tractandæ & explicandæ: &
Qualem auditorem esse oporteat.

『니코마코스 윤리학』 판본 중 일부

따라서 우리의 덕과 부덕 모두가 우리 손에 달려 있다. 행동이 우리에게 달려 있다면 행동하지 않는 것도 우리에게 달려 있으며, '아니오'가 있는 곳에는 '예'도 있는 법이기 때문이다. 그러므로 선행이 우리 손에 달려 있다면 악을 행하지 않는 것도 우리에게 달려 있으며, 선을 행하지 않는 것이 우리 손에 달려 있다면 악을 행하는 것도 우리에게 달려 있다.

_아리스토텔레스, 「니코마코스 윤리학」

인생이라는 예술에서 **인간은 예술가가 될 수도 있고 예술의 대상이 될 수도 있다.** 인간은 조각가이자 돌이며, 의사이자 환자다.

_에리히 프롬, 「정신분석학과 윤리」

도덕에는 네 가지 원칙이 있다.
1) **철학적** 원칙: 선 자체를 위해 선을 행하라 - 법에 대한 존중
2) **종교적** 원칙: 신의 뜻이니 선을 행하라 - 신에 대한 사랑
3) **인간적** 원칙: 네 행복을 위해 선을 행하라 - 자기애
4) **정치적** 원칙: 네가 그 일부분인 전체 사회의 복지를 위해 선을 행하라 - 자신을 포함한 사회에 대한 사랑

_게오르크 크리스토프 리히텐베르크, 「잠언집」

오래 살기 위해 애쓰지 말고 기쁨을 위해 애쓰도록 하라. 오래 사는 것은 운명에 달린 일이지만 기쁨을 누리는 것은 정신에 달려 있다. 긴 인생이란 성취를 이룬 인생이다. 인생을 성취하려면 영혼이 자기 나름의 선을 계발해 자기 자신을 지배할 수 있어야 한다.

_세네카, 「루킬리우스에게 보내는 편지」

두 번, 세 번, 네 번 생각하기! 그리고 선택하기

앞에서 인간이 행동하는 여러 가지 이유를 살펴보았다.

- 사람들이 우리에게 명령하기 때문에.

  (어린 시절에는 부모, 어른이 된 후에는 직장 상사나 법.)

- 그렇게 행동하는 것이 관습이기 때문에.

  (때로 다른 사람들은 사례나 압력을 통해 관행을 따르도록 우리에게 강요한다. 비난, 검열, 구설수에 대한 불안이나 어떤 집단에 받아들여지기를 바라는 소망에서 우리는 그에 따르게 되며 때로는 우리 스스로가 관행을 만들기도 한다.)

- 우리가 원하는 바를 이루기 위한 수단이기 때문에.

(예를 들어 버스를 타고 학교에 가는 것.)

- 불현듯이 그렇게 행동하고 싶다는 생각이나 기분이 들었기 때문에.

하지만 심각한 위기 상황에 처해 어떻게 행동해야 할지를 진지하게 생각해야 할 때는 이 모든 일상적인 동기들이 그리 만족스럽지 못하다는 사실도 알 수 있었다.

헥토르가 그랬듯이 아킬레우스에 맞서 트로이 성벽 앞에서 목숨을 걸고 싸우기 위해 출전하는 경우, 혹은 선원들을 구하기 위해 화물을 바다에 던질지 아니면 화물을 지키기 위해 선원들을 바다에 뛰어들게 할지 결정해야 하는 경우, 혹은 그렇게까지 극적이지는 않더라도 그와 유사한 상황에 처해 있는 경우 등등. (세금 인상으로 내게 손해를 끼칠 것이 분명하지만 환경 보호를 위해 더 많은 노력을 기울이겠다고 약속하는 정치가에게 투표할 것인가, 아니면 다른 사람들에게는 경제적 어려움을 주겠지만 내게 엄청난 돈을 벌게 해 줄 가능성이 있는 정치가를 지원할 것인가?) 이러한 상황에서 명령이나 관습은 행동의 충분한 근거가 될 수 없다. 더구나 기분은 말할 나위도 없을 것이다.

유대인 학살로 전범 재판에 불려 나간 나치 강제수용소장이 자신은 단지 "명령을 수행했을 뿐"이라고 변명하며 자기정당화를 하는 것은 내가 볼 때 전혀 설득력이 없다. 어떤 나라에서는 피부색을 이유로 흑인들에게, 또 성적인 성향을 이유로 동성애자들에게 집을 세주지 않는다. 이런 종류의 차별이 아무리 널리 퍼져 있을지라도 나로서는 그것을 받아들이기 어렵다. 기분에 따라 며칠간 바닷가에 놀러 가는 것은 이해할 수 있지만 누군가가 기분에 따라 주말 동안 갓난아이를 홀로 내버려둔다면 이것은 공감을 얻기는커녕 범죄에 해당한다. 너도 나와 같은 의견일 게다.

이 모든 것은 **자유**의 문제와 관련된다. 이미 네게 말했듯이 자유는 윤리가 다루는 가장 근본적인 문제다. 자유는 '예'와 '아니오', '그 일을 하겠다'와 '그 일을 하지 않겠다', 직장상사나 다른 사람들에게 동의를 얻지 못할지라도 '그것은 내 마음에 든다, 나는 그것을 원한다', '그것은 내게 적합하지 않다, 그것을 하지 않겠다'라고 말할 수 있음을 의미한다. 자유는 **결단을 내리는 것**을 의미한다. 잊지 말아야 할 것은 그 결단에 **책임도 져야 한다**는 점이다. 너도 이미 알아챘겠지만 자유는 자신을 충동에 내맡기는 것과 완전히 반대되는 것이다. 자신을 충동에 내맡기지 않으려면 네가 무엇을 원하는지를 적어도 두 번은 곰곰이 생각해야 한다. 그래, 아무리 머리가 아플지라도 적어도 두 번은.

네가 네 행동의 동기를 생각할 때 첫 번째로 생각하게 되는 것은 "나는 왜 이 행동을 하는가?"에 대한 대답이다. 사람들이 내게 명령했기 때문에, 그것이 관행이기 때문에, 그렇게 행동하고 싶기 때문에 나는 그렇게 행동한다 등등.

하지만 두 번째로 생각하게 되면 벌써 문제가 다르게 보인다. 사람들이 내게 그렇게 명령했기 때문에 나는 그렇게 행동한다. 하지만 나는 왜 그 명령에 복종해야 하는 걸까? 벌을 받는 것이 두려워서? 상을 받으리라는 희망 때문에? 그렇다면 나는 내게 명령하는 자의 노예가 아닐까? 내게 명령하는 자가 나보다 더 많이 알고 있기 때문에 내가 그 명령에 따르는 것이라면 그는 내게 충분한 정보를 주어 내가 스스로 결정하도록 하는 것이 더 옳지 않을까? 그리고 만일 내게 명령하는 자가 정당하지 않아 보인다면? 유대인 강제수용소의 나치 소장에게 유대인들을 모두 학살하도록 명령을 내리는 경우처럼 말이다. 사람들이 내게 그렇게 명령한다고 할지라도 그것은 '악한 것', 다시 말해 내게 적합하지 않은 것이 아닐까? 반면에 아무도 내게 그렇게 명령하지 않는다고 할지라도 '선한 것', 적합한 것이 있지 않을까?

관습도 마찬가지다. 내 행동에 대해 한 번만 생각한다면 내가 그렇게 행동하는 것은 "그것이 관습이기 때문"이라는 대답으로 충분하다. 하지만 도대체 나는 왜 항상 관습적인 것만 (혹은 일반적인 것만) 행해야 하는가? 그렇다면 나는 나를 둘러싸고 있는 사람들(그들이 아무리 좋은 친구들이라고 할지라도), 혹은 내가 어제, 그제, 아니면 지난달에 행했던 것의 노예가 아닐까? 관습에 따라 흑인을 차별하는 사람들, 혹은 그리 선해 보이지 않는 사람들이 나를 둘러싸고 있다면 내가 왜 그들을 따라 해야 하는 걸까? 빌린 돈을 갚지 않고도 부끄러워하지 않는 습관이 내게 있다면 나는 즉시 내 태도를 고쳐 법에 따라야 하는 것이 아닐까? 아무리 내가 그것을 내 습관으로 만들었다고 해도 관습에는 내게 그리 적절하지 못한 것이 들어 있는 게 아닐까?

내 기분에 대해서도 내가 두 번 질문을 던진다면 명령이나 관습과 비슷한 결과에 이르지 않을까? 때로 나는 어떤 일을 하고 싶은 기분이 들지만 그 일은 바로 내게 좋지 않은 결과를 가져오고 결국 나는 후회하게 된다. 별로 중요하지 않은 일들의 경우에는 기분을 용인할 수 있지만 진지한 일의 경우에는 그것이 적절한지 부적절한지에 대한 깊은 생각 없이 충동에 자신을 맡기는 것은 바람직하지 않다. 아니, 심지어 위험하기도 하지. 항상 빨간 불일 때 교차로를 건너가고 싶은 기분이 든다면 한두 번쯤은 재미를 느낄 수도 있겠지만 매일 그런 행동을 한다면 오래 살기는 힘들지 않을까?

요약하면 행동의 적합한 동기가 될 수 있는 명령, 관습, 기분이 있는 것은 사실이지만 다른 경우에도 꼭 그렇지는 않다. 모든 명령, 관습, 기분에 반항하려 하는 것은 어리석은 일일 게다. 때로는 그에 따르는 것이 적합하고 편안한 일이기 때문이다. 하지만 명령이나 관습, 기분을 따른다고 해서 그 행동이 옳은 것은 결코 아니다. 어떤 것이 내게 진정으로 적합한지 아닌지를 알려면 내가 하는 행동을 엄밀하게 연구하고 깊이 생각해야 한다. 자유의 문제에 관한 한 어느 누구도 나를 대신할 수는 없다. 다시 말해 어느 누구도 나를 대신해 선택하고 추구하는 자유를 행사해 줄 수는 없다.

아직 성숙하지 못하고, 인생 경험이 적고, 현실에 대한 지식이 부족한 어린아이의 경우에는 복종과 관행, 혹은 기분만으로도 충분할 수 있다. 하지만 그것은 그가 아직 누군가에 의존하고 있고, 우리를 감시하는 다른 사람의 손 안에 있기 때문이다. 언젠가 그는 어른이 되어야만 한다. 다른 사람이 자신을 위해 마련해 준 것이 아닌 나름의 삶을 어떤 방식으로든 계획할 능력을 갖추어야 한다는 것이다.

물론 우리는 혼자 살아가는 것이 아니고, 원하건 원하지 않건 간에 우리에게 많은 것들이 강요되기 때문에 모든 것을 스스로의 생각대로 할 수는 없다. (그 가엾은 선장이 깊은 바다에서 폭풍우를 만나려고 작정했던 것이 아니고, 아킬레우스가 헥토르에게 트로이를 공격해도 되느냐고 허락을 구하지도 않았다는 점을 기억하렴.) 하지만 우리는 우리가 받은 명령, 우리가 주변으로부터 받아들이거나 스스로 만든 관습, 우리에게 찾아드는 기분들로부터 스스로 선택하는 방법을 배워야 한다. 가축이 아니라 인간이기를 원한다면 (양들에게 용서를 빈다) 우리가 하는 행동을 두 번 깊이 생각하는 것 외에 다른 도리가 없다. 그리고 네가 더 정확히 알기를 원한다면 어떤 특수한 상황에서는 심지어 세 번, 네 번을 생각해야만 한다.

우리가 호날두와 메시에게 기대하는 것

'도덕moral'이라는 단어는 원래 관습과 관련이 있다. 라틴어 단어 'mores'는 바로 관습을 뜻한다. 이 단어는 또한 명령과도 관련된다. 대부분의 도덕규범은 "너는 마땅히 이런저런 것을 해야 한다"거나 아니면 "다른 어떤 행위를 할 생각을 해서는 안 된다"라는 식이기 때문이다. 하지만 우리가 앞서 살펴보았듯이 우리에게 아무리 친숙하고 자명해 보이는 것이라 할지라도 나쁜 것, 다시 말해 '비도덕적인' 명령이나 관습이 있다.

우리가 도덕을 진지하게 탐구해 보려 한다면, 우리가 지니고 있는 자유를 올바르게 사용하는 법을 배우려 한다면(우리가 여기서 말하는 '도덕'과 '윤리'의 의미는 바로 이 배움에 있다), 명령과 관습, 기분에서 자신을 자유롭게 만들 줄 알아야 한다. 이때 우리가 포기해야 할 첫 번째는 자유로운 인간의 윤리가 권위에 의해 부여된 벌이나 상과 관련이 있다고 생각하는 것이다. 그 권위가 인간에게서 나온 것이건 신에게서 나온 것이건 이 경우에는 마찬가지다. 다른 사람이 내리는 벌을 피하거나 상을 바라거나 간에 그들이 부여한 규범을 따르는 사람은 가엾은 노예에 지나지 않는다. 아이를 가르치는 데에는 채찍과 당근으로 충분하다. 하지만 어른이 이런 정신을 가지고 있다면 슬픈 일이지. 우리는 이와는 다른 방식으로 스스로를 이끌어야 한다.

이제 우리가 사용하고 있는 개념들을 좀 더 정확하게 설명해야할 것 같다. 위에서 나는 '도덕'과 '윤리'라는 단어를 같은 뜻인 것처럼 썼지만 이 두 개념은 엄밀하게 말해 같은 의미가 아니다. (내가 유달리 교수티를 내는 것을 용서하기 바란다.) '도덕'이 너와 나, 그리고 주변의 다른 사람들이 정당하다고 인정하는 행동 방식과 규범의 전체라고 한다면 윤리는 우리가 그것을 왜 정당하다고 여기는지를 성찰하고 다른 사람들의 도덕과 비교하는 것이다. 하지만 이 책에서 나는 이 두 단어를 **삶의 기술**이라는 의미로 구별 없이 쓰고자 한다. 철학자들의 용서를 구한다.

'좋음'과 '나쁨'이라는 단어가 도덕적 태도뿐만 아니라 삶에도 사용된다는 사실을 기억하기 바란다. 예를 들어 호날두와 메시는 대단히 훌륭한 축구 선수들이지만 이런 평가가 이들이 경기장 밖에서 이웃을 돕기 위해 노력한다거나, 항상 진실만을 말하려 한다는 것을 의미하지는 않는다. 그들은 축구장에서는 좋은 선수들이지만 그것을 확인하려고 그들의 사생활을 조사할 필요는 없다. 또 어떤 오토바이가 좋다고 말할 때 그것의 윤리적인 면을 고려하는 것도 아니다. 이것이 의미하는 바는 이 오토바이가 기능이 탁월하고 사람들이 오토바이에 바라는 장점들을 많이 가지고 있다는 뜻일 뿐이다.

축구 선수나 오토바이의 '좋음(적합함)'이 의미하는 바는 매우 분명하다. 내가 너한테 그것이 의미하는 바가 무엇인지 묻는다면 너는 스포츠나 오토바이에서 탁월하게 좋은 것이 되기 위한 필수 전제 조건들을 어렵지 않게 꼽을 수 있을 게다. 그렇다면 **좋은 사람**이 되기 위해 꼭 필요한 것을 같은 방식으로 정의하지 못할 이유가 어디 있겠니? 이렇게 하면 우리가 여기서 길게 토론해 온 문제들이 모두 풀리지 않을까?

그런데 문제는 그리 단순하지 않단다. 좋은 축구 선수, 좋은 오토바이, 좋은 경주마에 대해서는 사람들의 의견이 대개 일치한다. 하지만 어떤 인간이 보편적으로 좋고 나쁜지를 규정하는 일에 대해서는 의견이 매우 분분하다. 옆집 파울라를 예로 들어 보자. 그 애의 어머니는 파울라가 세상에서 가장 착한 아이라고 생각한다. 집에서 그 애는 매우 말 잘 듣고 얌전하니까. 하지만 학교에서는 모두가 그

애를 싫어한다. 수다쟁이에다 항상 싸움만 하니까. 아우슈비츠에서 유대인들을 가스실로 몰아넣어 학살한 나치는 그들의 우두머리에게는 마땅한 일을 하는 좋은 사람이었을 게다. 하지만 그 나치가 대량 학살을 자행한 악한이라는 사실은 살아남은 유대인들만의 생각이 아니지.

누군가를 좋은 사람이라고 부르는 것은 때로는 그리 좋은 일이 아니다. 예를 들어 "그는 좋은 녀석이야 – 그저 사람만 좋지!" 이 말이 가진 이중적 의미를 잘 알고 있었던 스페인의 시인 안토니오 마차도는 시로 쓴 자신의 자서전에서 이렇게 이야기했단다. "나는 이 말이 가진 좋은 의미에서 좋은 사람이다." 여기서 그가 말하고자 하는 바는 누군가를 '좋은' 사람이라고 부를 때 이것은 그가 매우 무른 사람, 저항하려 하지 않고 그저 아무런 문제가 없기만을 바라는 사람, 다른 사람들이 춤을 출 때 음악이나 계속 틀어 주는 사람을 의미한다는 것이다.

좋은 사람이라는 말은 어떤 경우에는 고개 숙이기를 잘하고 참을성이 많다는 것을 의미한다. 또 다른 경우에는 도전 의욕이 있고 독창적이며 다른 사람이 화를 낼지라도 자신의 생각을 주저하지 않고 말하는 사람을 의미하지. 남아프리카 공화국에서 어떤 사람들은 신경에 거슬리지 않는 흑인, 인종차별주의의 원칙에 순순히 따르는 흑인을 좋은 사람이라고 부른다. 반면에 다른 사람들에게는 넬슨 만델라의 추종자들이 좋은 사람이지. 사람이 어느 때 좋고 어느 때 그렇지 않은지를 규정하기가 그리 쉽지 않은 이유를 알겠니? 인간이 존재하는 목적이 무엇인지를 우리가 알지 못하기 때문이란다. 축구 선수는 축구를 하기 위해서, 골을 넣어 자기 팀을 승리하게 만들기 위해서 존재한다. 오토바이는 고장 없이 안전하게 우리를 이곳에서 다른 곳으로 이동할 수 있게 하기 위해서 존재하지.

우리는 전문가가 왜 그 일을 하고 도구가 어떤 기능을 하는지 알고 있다. 우리가 기대하는 성과를 그것이 가져다주어야 한다는 것에 대해 알고 있기 때문이지. 하지만 우리가 보편적 인간에 대해 생각하려면 문제가 복잡해진다. 우리 인간에게는 때로는 유순함이, 때로는 완강한 저항이 필요하다. 때로는 독자성이, 때로는 복종이 필요하다. 또 때로는 여유로움이, 때로는 절약이 필요하다.

좋고 나쁨을 정의하기는 결코 쉽지 않다. 축구 선수가 실수 없이 골을 넣는 것은 언제나 좋은 일이다. 그러나 진실을 말하는 것은 그렇지 않다. 환자에게 죽을병에 걸렸다고 말해 주는 잔혹한 성격의 사람이나, 살인자를 피해 숨어 있는 사람의 은신처를 알려 주는 사람을 좋은 사람이라고 말할 수 있겠니?

직업이나 도구의 경우에는 좋고 나쁨을 가늠하는 매우 분명한 규준이 존재한다. 이 규준에 맞으면 좋고 그렇지 않으면 나쁘다. 그것으로 충분하다. 사람들은 그 이상의 것을 기대하지 않는다. 우리는 축구 선수에게 축구 선수 이상의 것을 기대하지 않는다. 그가 자선 활동을 하거나 진리를 사랑할 것을 기대하지 않는다. 오토바이가 잘 달릴 것을 기대하지, 못을 박을 수 있어야 한다고 기대하지 않는다. 그러나 보편적 인간의 경우에는 문제가 그리 단순하지 않다. 그 이유는 인간에게는 단 한 가지의 규정만이 주어져 있는 것이 아니고, 또 인간은 무언가를 이루기 위한 도구가 아니기 때문이다.

올바른 윤리의 문 위에 적힌 단 하나의 구호는?

인간은 여러 가지 방식으로 좋은 사람이 될 수 있다. 그리고 인간의 행동을 평가하는 견해는 상황에 따라 매우 다르게 나타난다. 그래서 우리는 흔히 이 사람 저 사람은 '나름대로' 좋은 사람이라고 말하는 것이다. 따라서 좋은 사람에는 많은 종류가 있으며 이것은 각자가 처해 있는 주변 상황에 달려 있음을 인정하기로 하자. 이제 너는 누가 좋은 사람이고 누가 나쁜 사람인지, 누가 올바른 행동을 하고 있고 누가 그렇지 않은지를 밖에서 규정하기가 결코 쉽지 않음을 알게 되었을 것이다.

우리는 개별 경우의 모든 주변 상황뿐만 아니라 각자가 품고 있는 의도 또한 고려해야 한다. 왜냐하면 원래 나쁜 일을 하려 했는데 우연히 좋은 결과에 이르는 경우도 있기 때문이다. 그처럼 우연히 좋고 올바른 일을 한 경우 그것을 '선'하다고 말하지는 않는다. 그렇지 않니? 그 반대의 경우도 있지. 최선의 의도를 가지고 시작한 일이 커다란 환란을 불러와 아무 잘못이 없으면서도 악당 취급을 받을 수도 있다. 이런 방식의 설명은 그리 효과가 없을 것 같구나.

이미 말했듯이 명령, 관습, 기분은 윤리의 기준이 될 수 없다. 그

리고 좋은 사람이 되어 항상 그런 역할을 하는 것을 배우기 위한 명확한 규정도 없음을 보았다. 그렇다면 어떻게 해야 할까? 이에 대한 대답은 아마 너를 놀라게 할 뿐만 아니라 화나게 할지도 모르겠구나. 16세기 프랑스의 매우 뛰어난 이야기꾼인 프랑수아 라블레라는 작가는 유럽 최초의 소설 중 하나인 그의 책에서 거인 가르강튀아와 그의 아들 팡타그뤼엘의 모험을 이야기하고 있다. 이 책에 대해 네게 많은 이야기를 해 주고 싶다만 조만간에 네가 스스로 이 책을 읽기를 바란다. 여기서는 한 가지만 이야기하겠다. 가르강튀아는 어떤 기회에 텔렘 수도원에 수도회를 설립하기로 결심한다. 이 수도원의 입구에는 한 가지 계명만 적혀 있지. "네가 원하는 일을 해라". 그리고 이 신성한 집에 살고 있는 모든 사람은 실제로 모두 자기가 원하는 일만 하고 살아간다.

올바른 윤리의 문 위에도 "네가 원하는 일을 해라"라는 똑같은 구호가 적혀 있다고 말한다면 너는 내 말을 어떻게 받아들이겠니? 틀림없이 너는 내게 화를 낼 것 같구나. "나 원 참! 그런 도덕이 숨어 있었군요! 사람들이 체득해야 할 도덕이 기껏, '모두가 다만 자신이 원하는 일을 하면 된다'는 것이라고요?! 이것 때문에 머리를 쥐어뜯으며 그렇게 많은 시간을 소비한 거란 말이에요?!" 기다려라, 잠깐만 기다려! 그렇게 흥분하지 말거라! 내게 한 번만 더 기회를 주려무나. 내 부탁을 받아들여 준다면 다음 장으로 넘어가기로 하자.

「**가르강튀아와 팡타그뤼엘**」(프랑스의 화가 귀스타브 도레 작품)

그들의 생활은 명제나 규칙, 문장이 아니라 단지 자유로운 의지와 생각을 따랐다. 그들은 일어나고 싶을 때 일어나고, 먹고 마시는 것이나 노동과 휴식을 모두 원하는 대로 했다. 아무도 그들을 깨우지 않았고 식사 시간이나 그 밖의 어떤 것도 강요하지 않았다. 이것이 가르강튀아가 내린 방침이었다. 여기에는 단 하나의 규칙만 있었다.

"네가 원하는 일을 해라."

올바르게 잘 성장한, 건강하고 사교적인 인간은 자연적으로 선을 애호하고 악을 거부하게 되어 있다. 이것이 인간이 타고난 본래의 감정이다. 반면에 예속과 강제는 저항과 반발을 불러일으킨다. 그것은 모든 악의 근원이다. 우리는 금단의 열매에 가장 강력한 욕망을 느끼게 마련이다.

_프랑수아 라블레, 『가르강튀아와 팡타그뤼엘』

완벽한 교육을 받아 잘 발달된 이성을 갖춘 사람이라면 어떤 속성이나 행동의 해로움과 이로움을 충분히 파악할 수 있다. 하지만 도덕적인 거부나 동의를 얻어 내는 데에는 그것으로 충분하지 못하다. 이로움이란 어떤 특정한 목적을 겨냥하는 경향 이외의 아무것도 아니다. 그 목적이 우리에게 무관하다면 그 수단도 우리와 무관하다. 여기서 필요한 것은 해로운 경향보다 이로운 경향을 선호하는 **감정**이다. 이 감정은 인간의 행복에 대한 공감과 인간의 불행에 대한 분노 이외의 아무것도 아니다. 이것이 미덕과 악덕을 촉진하는 여러 목표라고 할 수 있다. 여기서 **이성**은 행동의 다양한 경향들을 해명해 준다. 이러한 구별에서 **인간성**은 이롭고 행복을 가져다주는 것을 선호한다.

_데이비드 흄, 『도덕의 원칙에 대한 탐구』

자유에 대해 이렇게 수고롭게 배워야 할 필요가 있는 거야?

윤리의 근본 모토인 "네가 원하는 일을 해라"라는 말로 내가 무엇을 이야기하려 하는지 알겠니? 어렵게 여겨질지 모르겠지만 실은 아주 간단한 것이다. 명령과 관습, 상과 벌, 한마디로 밖에서 너를 조종하려 하는 모든 것으로부터, 너 자신을 자유롭게 만들라는 말이다. 이 모든 일을 너 자신으로부터, 네 양심과 자유의지로부터 이끌어 내라는 것이다.

네 인생을 어떻게 살아가야 할지에 대해 다른 누구에게도 묻지 말아라. 너 자신에게 물어라. 네 자유를 가장 올바르게 쓸 수 있는 길을 알고 싶다면 처음부터 다른 사람에게 예속됨으로써 네 자유를 잃어버리지 않도록 해라. 그 사람이 아무리 선하고 현명하며 존경받는다 할지라도 말이다. 자유를 사용하는 방법을 묻고 싶다면 바로 자유 자체에 그것을 물어보아라.

너는 똑똑하니까 내 말에 모순이 있음을 벌써 알아챘을 게다. "네가 원하는 일을 해라"라는 말은 "이것을 하고, 저것은 하지 말라"고 하는 명령과 비슷해 보인다. 비록 그것이 네가 자유의지에 따라 행동해야 한다고 하는 명령이기는 하지만 말이다. 자세히 관찰하면 이것은 실제로 매우 복잡한 명령임이 드러난단다. 네가 그 명령을 실행하면 너는 그 명령에 따르지 않는 것이 되지. (내가 원하는 것이 아니라 네가 원하는 것을 행했으니까.) 네가 그 명령에 복종하지 않으면 너는 그 명령을 실행하는 것이 된다. (내가 명령한 것이 아니라 네가 원하는 것을 행했으니까. 하지만 그것이 바로 내가 네게 명령한 것이다.)

신문 오락면에 나오는 수수께끼 같은 소리라고? 네가 지루하지 않도록 웃으면서 이야기하고 있기는 하지만 이것은 매우 진지한 문제란다. 시간을 낭비하고 있는 것이 아니라, 시간을 바르게 쓰고 있다는 말이다. "네가 원하는 일을 해라"라는 말에 내포된 명백한 모순은 자유의 핵심 문제를 반영하고 있다. 그것은 우리에게는 자유롭지 않을 수 있는 자유가 없다는 것, 우리는 자유로울 수밖에 없다는 것이다.

하지만 네가 그 모든 것이 멋진 일이기는 하지만 이제 자유에 질려서 더 이상 자유롭고 싶지 않다고 말한다면 어떻게 될까? 그리고 네가 가장 높은 입찰가를 부르는 사람에게 노예로 팔려 가기로 하거나, 어떤 폭군에게 영원히 그리고 철저하게 복종하기로 결심한다면 어떻게 될까? 그렇다면 그것은 네가 그것을 원하기 때문에, 다시 말해 **자유의지**로 그렇게 하는 것이다. 네가 다른 사람에게 복종하건, 아니면 시류에 따라 흘러가건 간에 너는 네가 원하는 일을 하는 것이다. 너는 선택을 포기한 것이 아니라, <u>스스로</u> 선택하지 않기를 선택한 것이다. 바로 이런 이유로 프랑스의 철학자 장 폴 사르트르는 이렇게 말한 바 있다. "우리는 자유에 내던져졌다." 이 내던져진 자유에는 사면赦免이란 없다.

따라서 "네가 원하는 대로 해라"라는 것은 너한테 자유의 문제를 진지하게 여기라고 말하는 형식에 불과하다. 어느 누구도 네 나름의 길을 선택하는 창조적 책임으로부터 너를 벗어나게 할 수 없다. 자유를 둘러싸고 벌어지는 이 모든 연극 같은 일이 과연 수고할 만한 가치가 있는 일일까라는 질문으로 너 자신을 괴롭히지 말기를 바란다. 네가 그것을 원하건 원치 않건 간에 너는 자유롭고, 네가 그것을 원하건 원치 않건 간에 너는 원할 수밖에 없으니까. 네가 이 지루한 문제에 대해 아무것도 알고 싶지 않으니 나를 그만 내버려 두라고 말한다 해도 너는 이미 무언가를 원하고 있는 것이다. 너는 '알고 싶지 않음'을 원하는 것이고 너를 내버려 두기를 원하는 것이지. 어느 정도 가축에 가까워지는 자신을 감수하기는 해야겠지만 말이다.

"네가 원하는 대로 해라"를 앞에서 말한 바 있는 기분과 혼동해서는 안 된다. 네가 원해서 하는 행동과 하고 싶은 기분이 들어서 하는 행동은 완전히 다르다. 어떤 특수한 경우에는 기분에 따르는 것으로 충분할 수 있다. 예를 들어 레스토랑에 가는 일처럼 말이다. 다행스럽게도 너는 튼튼한 위장을 가졌고, 또 뚱뚱해질 염려가 없기 때문에 네 기분대로 레스토랑에 가서 음식을 주문하면 되겠지. 하지만 조심해라. 기분에 따르면 때로는 이득보다 손실이 큰 법이니까. 예를 하나 들어 볼까?

자유, 지금 내 마음이 끌리는 대로?

네가 성경을 자주 읽는지 모르겠구나. 성경은 독실한 신자가 아니라도 매우 흥미롭게 읽을 수 있는 책이다. 첫 장 창세기에 보면 이삭의 아들인 에서(에사우)와 야곱에 대한 이야기가 나온다. 그들은 쌍둥이였는데 에서가 먼저 태어났기 때문에 장자의 권리를 얻었단다. 이 시대에는 장자라는 지위가 매우 중요했다. 장자가 아버지의 모든 재산과 특권을 물려받았기 때문이지. 에서는 사냥을 나가서 많은 경험을 얻고 싶어 했다. 반면에 야곱은 집에 머물면서 맛있는 음식을 요리하곤 했지.

어느 날 들판에 나갔던 에서가 지치고 허기져 집으로 돌아왔을 때 동생 야곱이 맛있는 콩죽을 만들고 있었다. 음식 냄새를 맡자마자 에서의 입에선 군침이 돌았지. 그는 콩죽을 먹고 싶다는 욕망에 사로잡혀 함께 먹으면 안 되겠느냐고 부탁했다. 야곱이 말했지. "얼마든지. 하지만 공짜로는 안 되고 장자의 상속권을 내게 주면 음식을 주지." 에서는 생각했다. '나는 지금 이 콩죽을 먹고 싶어. 아버지의 재산은 미래의 문제이고. 내가 아버지보다 먼저 죽을지 어찌 알

겠는가.'

그래서 그는 미래의 상속권을 눈앞의 맛있는 콩죽과 바꿨단다. 콩죽의 냄새가 미치도록 좋았겠지. 물론 그는 배를 채우자마자 곧장 후회했다. 이 때문에 형제간에 많은 문제가 생겼지. (나는 항상 야곱이 의심쩍은 인물이라는 생각이 든단다. 그렇다고 야곱에 대해 존경심이 없는 건 아니지만 말이다.) 이 이야기가 어떻게 끝나는지 알고 싶다면 창세기를 직접 읽어 보렴. 내가 이 예로 말하고 싶었던 건 지금까지 이야기한 걸로도 충분하니까.

네가 고집이 있음을 알기 때문에 내가 전에 이야기했던 것을 빌미 삼아 이렇게 트집을 잡아도 나는 그리 놀라시 않을 게다. "하지만 아빠는 '네가 원하는 일을 해라'라고 내게 권하셨잖아요? 에서는 콩죽을 원했고 그것을 얻기 위해 모든 것을 걸었는데 결국 유산을 못 받게 되었네요. 멋진 결과군요!" 물론이다. 하지만 과연 에서가 **진정으로** 원했던 것이 콩죽이었을까? 다만 짧은 순간 그가 유혹당한 것은 아니었을까?

당시 장자의 상속권은 매우 중요했다. 반면에 콩죽은 당연히 그저 먹고 싶으면 먹고 아니면 그만두면 되는 것이지. 논리적으로 생각해 볼 때 에서가 원래 원했던 것은 조만간에 그의 인생을 훨씬 낫게 만들어 줄 수 있는 장자의 상속권이었을 게다. 우연히 그는 콩죽을 먹고 싶은 충동을 느끼게 되었다. 하지만 잠시만이라도 깊이 생각했다면 훨씬 중요한 걸 얻을 기회를 날려 버리지 않기 위해 이 부차적인 욕구는 미루어 둘 수 있었을 게다. 우리 인간은 때로 서로 갈

등 관계에 있는 모순되는 것들을 원하게 된다. 어떤 것에 우선권을 주고, 지금 즉시 원하는 것과 오랜 기간에 걸쳐 원하는 것 사이에 위계를 정하는 일은 매우 중요하다. 이것이 어려운 사람은 에서에게 물어보면 된다.

성경에 나오는 이 이야기에는 매우 중요한 내용이 들어 있다. 에서로 하여금 미래의 상속권을 포기하고 눈앞의 콩죽을 선택하도록 만든 것은 죽음의 그림자였다. 혹은 인생의 유한함 때문에 용기를 잃었던 것이라고 말해도 좋다. "내가 죽으리라는 것, 아버지보다 먼저 죽을 수도 있다는 사실을 나는 알고 있다. 그렇다면 도대체 사서 고생을 하면서 지금 내 마음을 끌어당기는 것에 대해 곰곰이 생각해야 할 이유가 어디 있단 말인가? 지금 나는 콩죽을 원하고 내일이면 죽을지도 모른다. 그러니 차라리 콩죽이나 먹자. 그것으로 좋은 일이 아닌가!"

에서는 인간이 죽을 수밖에 없다는 사실 때문에 인생에는 특별한 의미가 없으며 모든 게 다 마찬가지라고 생각했던 듯하다. 하지만 모든 게 다 마찬가지인 건, 삶에 의해서가 아니라 죽음에 의해서 그렇다는 사실에 주목하기 바란다. 마치 그가 이미 죽어서 모든 것이 무의미해지기라도 한 것처럼 에서는 죽음의 불안 앞에서 생존을 선택했다. 인생은 시간이다. 우리의 현재는 과거에 대한 기억과 미래를 향한 희망으로 가득 차 있다. 그런데 에서는 지금 그의 코에 풍겨오는 콩죽 냄새 외에는 다른 어떤 현실도 없다는 듯이, 어제도 없고 내일도 없다는 듯이 행동했다.

부와 명예를 다 가진 케인이
결코 살 수 없었던 단 한 가지,
잃어버린 그의 소박한 유년기였다.

그뿐만 아니라 우리의 삶은 다른 사람들과의 관계로 이루어져 있다. 우리는 부모, 자식, 형제, 친구, 상속자나 피상속자로 살아간다. 그런데 에서는 자신을 현재의 그로 만들어 주고 있는 이 다른 사람들과의 관계보다도 (사람이 아니라 사물에 불과한) 콩죽이 더 중요하다는 결정을 내렸다. 이제 질문해 보자. 에서는 진정으로 자신이 원하는 것을 얻은 걸까? 오히려 죽음이 그를 최면에 걸어 그의 소망을 마비시키고 파괴한 것은 아닐까?

윤리, 더 나은 삶을 살기 위한 이성적 시도

음식에 좌우되는 에서의 기분과 그의 가족 이야기는 이 정도로 해 두고 우리에게 중요한 너의 이야기로 되돌아가 보자. 내가 너에게 네가 원하는 일을 하라고 말할 때 그것이 의미하는 바는 네가 무엇을 원하는지를 꼼꼼하고 철저하게 생각하는 게 좋다는 뜻이다.

누구에게나 그렇듯이 많은 것들이, 때로는 서로 모순되는 것들이 동시에 네 마음에 드는 경우가 생긴다. 너는 오토바이를 갖고 싶어 하지만 도로에서 목이 부러지기를 바라지는 않을 것이다. 또 친구를 갖고 싶겠지만 자립심을 잃고 싶지는 않을 것이다. 돈을 갖기를 원하겠지만 돈을 얻기 위해 네 이웃을 착취하고 싶지는 않을 것이다. 너는 지식을 원하고 그러려면 공부를 해야 한다는 사실을 잘 알고 있지만 즐겁게 놀고 싶기도 할 것이다. 너는 내가 너를 성가시게 하지 않고 네 방식대로 살도록 내버려 두기를 바라겠지만, 네가 필요로 할 때 내가 곁에서 너를 도와주기를 바랄 것이다.

이 모든 것을 결산해 네가 진정으로 원하는 것을 말로 표현해야 한다면 너는 이렇게 말할지도 모르겠다. "아빠, 저는 **멋지게 살고 싶어요!**" 브라보! 너는 상을 받을 자격이 있다. 이것이 바로 내가 네게 권하려 했던 것이란다. "네가 원하는 일을 해라"라는 말을 했을 때 내가 너한테 원래 권하고 싶었던 건 멋지게 살도록 도전하라는 것이었다. 비관적인 사람들이나 경건한 사람들에게 너무 신경 쓸 필요 없다. 윤리는 더 나은 삶을 살려는 이성적 시도 외에 아무것도 아니다. 윤리에 관심을 가지는 것이 가치 있는 일이라면, 그 이유는 멋지게 사는 것이 우리 마음에 드는 일이기 때문이다. 노예가 되기 위해 태어난 자, 죽음에 대한 두려움 때문에 모든 것이 마찬가지라고 생각하는 자는 콩죽에 모든 것을 걸면서 나름의 방식으로 살게 되겠지.

너는 멋지게 살고 싶어 한다. 훌륭하다. 하지만 이 멋진 삶이 배추의 삶이나 풍뎅이의 삶이기를 원하지는 않을 것이다. 물론 나는 이 생물들의 삶을 존중하지만 네가 원하는 건 **인간으로서의** 멋진 삶일 테지. 이것이 네가 원하는 것이리라고 나는 믿는다. 나는 또한 네가 이것을 이 세상의 그 무엇과도 바꾸려 하지 않으리라고 확신한다.

이미 앞에서도 말했듯이 인간으로서 산다는 건 무엇보다도 다른 사람들과 관계를 맺는다는 것을 의미한다. 네가 엄청난 돈을 소유하고, 천일야화에 나오는 궁전보다 더 화려한 저택에서 살고, 멋진 옷을 입고, 최고의 음식을 (산더미 같은 콩죽을!) 먹고, 최신 전자 제품을 소유한다고 할지라도, 더 이상 사람과 만날 수 없다면 행복할 수 있겠니? 미치지 않고 얼마나 버틸 수 있을까? 인간관계를 포기하고 물질을 원하는 것이야말로 가장 어리석은 일이 아닐까? 물질이 지니는 모든 장점은 바로 다른 사람들과의 관계를 좀 더 낫게 해 주는 데에 있지 않을까?

사람들이 돈을 바라는 이유는 그것을 통해 다른 사람들에게 멋지게 보이거나 그 사람들에게 무언가를 사 줄 수 있기 때문이다. 멋진 옷을 입는 것도 다른 사람들의 마음에 들거나 그들이 우리를 부러워하게 만들려는 것이지. 멋진 집이나 좋은 와인도 마찬가지다. 전자 제품도 그렇다. 스마트폰이나 TV도 결국 다른 사람들과 더 잘 소통할 수 있도록 도와주기 위한 게 아니겠니?

홀로 사는 데 필요한 물건은 얼마 되지 않는다. 사람이 완전히 혼자 살게 되면 모든 물건은 필연적으로 무의미해지지. 인간에게 멋진 삶이란 **인간들 사이에서의** 멋진 삶을 의미한다. 그 반대의 삶도 가능하다. 하지만 그것은 멋지지도 않고 인간적이지도 않다. 내가 무슨 말을 하려는지 이제 알겠니?

아름답고 멋진 물건들이 있다. 심지어 공감 능력을 지닌 동물들도 있다. 그러나 우리 인간은 도구나 동물이 아니라 인간으로서의 존재를 원한다. 그리고 우리 인간은 인간으로서 대우받기를 원한다. 인간은 대부분 인간 사이의 상호 관계에 의존하고 있기 때문이다.

좀 더 분명하게 말해 볼까? 복숭아는 복숭아로서 생겨나고, 표범은 표범으로서 세상에 나온다. 하지만 인간은 완전한 인간으로서 세상에 태어나지 않으며, 다른 사람의 도움 없이 인간이 되기는 불가능하다. 왜 그럴까?

인간은 (복숭아나 표범처럼) 생물학적이고 자연적인 존재일 뿐만 아니라 문화적인 존재이기도 하기 때문이다. 문화적 배움과 문화적 바탕인 (다시 말해 우리 인간 존재의 토대인) 언어가 없는 인간의 본성이란 존재하지 않기 때문이지. 우리 인간이 살고 있는 세계는 상징과 법률로 이루어진 (현실인) 언어의 세계다. 이것이 없다면 우리는 서로를 이해시킬 수 없고, 우리를 둘러싸고 있는 것들의 의미를 파악할 수 없다. 어느 누구도 홀로 (먹는 것과 오줌 누는 것을 홀로 배우듯이) 언어를 배울 수는 없다. 언어는 인간의 생물학적이고 자연적인 기능에 불과한 것이 아니라 (물론 그 토대는 인간의 생물학적 특성에 두고 있지만) 우리가 다른 인간에게서 물려받아 습득한 문화적 창조물이기 때문이다.

나를 인간이 되게 해 주는 사람들과 멋진 삶을 산다는 것

누군가에게 말하거나 그의 말에 귀를 기울이는 건 그를 인간으로, 혹은 적어도 인간적으로 취급한다는 것을 의미한다. 물론 그것은 첫 번째 단계에 불과하다. 우리 인간으로 하여금 문명적 삶을 살게 해 주는 문화는 그 기원을 언어에 두고 있기는 하지만 동시에 언어

이상의 것이기도 하기 때문이다.

우리가 서로를 인간으로서 인정한다는 사실을 보여 주는 다른 형식들도 있다. 우리가 서로에게 가지는 존중과 배려의 형식들, 즉 예의 말이다. 모든 인간은 사람들이 자신을 예우해 주기를 바라며 그렇지 않은 경우 이에 대해 항의한다. 여자들이 가끔 자신을 인간으로서가 아닌 보석이나 도구처럼 취급하는 사회에 대해 하소연하는 이유가 바로 여기에 있다. 우리가 누군가를 심하게 욕할 때 그를 "이 짐승 같은 놈!"이라고 부르는 것도 마찬가지다. 이 말로 우리는 그가 인간들 사이에서 취해야 할 통상적인 태도를 무시했으며, 그가 계속 그렇게 행동한다면 그에게 같은 방식으로 대해 주겠다고 경고하는 것이다.

이 이야기 전체에서 가장 중요한 점은 다음과 같다. 인간화는 (우리를 우리가 원하는 무엇, 즉 인간이 되게 하는 것은) 언어와 마찬가지로 상호적인 과정이다. 내가 무슨 말을 하려는지 알겠니? 다른 사람들이 나를 인간으로 대우하게 하려면 나 또한 그들을 인간이 되게 해 주어야 한다는 뜻이란다. 내가 다른 모든 사람을 물건이나 동물로 취급한다면 나 역시 물건이나 동물보다 나을 수 없다. 따라서 '멋진 삶을 산다는 것'은 결국 '멋진 삶을 마련해 준다는 것'과 그리 다르지 않다. 이 문제에 대해 좀 더 곰곰이 생각해 보기 바란다.

이 문제는 나중에 다시 다루게 될 게다. 지금은 이 장을 편안한 기분으로 끝내기 위해 함께 영화관에 가기로 하자. 오손 웰스가 감독과 주연을 맡은 멋진 영화 「시민 케인」을 보러 가자꾸나. 잠시 이

영화에 대한 네 기억을 되살려 주고 싶다.

케인은 플로리다 제너두에 있는 그의 궁궐 같은 집에다 세상의 온갖 아름답고 귀한 것들을 모두 모아 놓은 백만장자다. 그는 자신의 목적을 위해 주변의 모든 것을 자기 야망의 도구로 이용한다. 인생의 마지막에 이르러 그는 자신의 궁전에 있는 방들을 홀로 거닐고 있다. 이 방들은 그의 고독한 모습을 반영하는 거울로 가득 차 있지. 그와 함께 있는 것은 이 거울들뿐이다. 마지막에 그는 이 한마디를 웅얼거리면서 죽어 간다. "로즈버드Rosebud!" 한 신문기자가 이 한숨 섞인 단어의 의미를 알아내기 위해 추적하지만 실패하고 만다.

'로즈버드'는 케인이 어릴 때 가지고 놀던 썰매의 이름이란다. 그가 아직 그를 둘러싼 사람들의 마음 가득한 애정 속에서 살고, 또 그 사람들에게 애정을 주던 어린 시절 말이다. 그는 자신이 얻어 낸 모든 부와 다른 사람들을 좌지우지하는 권력을 가지고도 저 어린 시절의 기억보다 더 나은 것을 결코 살 수 없었다. 아름다운 인간관계의 상징인 이 썰매야말로 케인이 진정으로 원했던 것, 즉 **멋진 삶**이었다. 그는 실질적으로는 그에게 아무런 이득이 되지 않는 수많은 물건들을 얻기 위해 이 멋진 삶을 희생했던 것이지. 그런데도 많은 사람들은 그를 부러워했다. 자, 이제 영화관으로 가자. 이야기는 내일 계속하기로 하고.

바뤼흐 스피노자

자유로운 인간은 죽음에 대해 생각하지 않는다. 그의 지혜는 죽음 이 아니라, 삶에 대한 깊이 있는 생각에 있다.

_스피노자, 『윤리학』

하루는 에서가 허기져 들에서 돌아와 보니 야곱이 죽을 끓이고 있 었다. 에서가 야곱에게 "배고파 죽겠다. 그 붉은 죽 좀 먹자"고 하 였다. 그의 이름을 에돔이라고도 부르는 데는 이런 사연이 있다. (에 돔의 어원은 히브리어 '아도메'로 붉은색을 뜻한다.) 야곱이 형에게 당장 상속 권을 팔라고 제안하자 에서는 배고파 죽을 지경인데 상속권 따위 가 무슨 소용이 있느냐고 하였다. 그러나 야곱은, 먼저 맹세부터 하

88

라고 다그쳐 요구하였다. 에서는 맹세하고 장자의 상속권을 야곱에게 팔아 넘겼다. 그리고 에서는 야곱에게서 떡과 불콩죽을 받아먹은 후에 일어나 나갔다. 이렇게 에서는 자기의 상속권을 대수롭지 않게 여겼다.

_「공동번역 성서」, 「창세기 25장 29-34절」

인간이 악한 것은 평생 죽음을 기다려야 하기 때문일 것이다. 인간은 다른 사람들과 사물들의 죽음에서 수천 번 스스로 죽어 간다. 죽음의 위협을 의식하는 모든 존재는 미치게 되기 때문이다.

_토니 뒤베르, 「악의 ABC」

자유로운 사람이란 변덕스럽지 않게 원하는 사람이다. 그는 참된 현실을 믿는 사람, 다시 말해 현실적으로 둘인 너와 내가 현실에서 진정으로 결합되어 있다고 믿는 사람이다. 그는 삶이 예정되어 있다고 믿고 이 예정이 그를 필요로 한다고 믿는 사람이다. 삶이 그가 결심한 대로 이루어지지는 않을 것이다. 이루어져야 할 것은 그대로 이루어진다. 하지만 이것은 오로지 그가 자신이 원하는 것을 결심했을 때만 그렇게 된다.

_마틴 부버, 「너와 나」

자기 자신에게 귀를 기울일 수 있는 능력이 다른 사람에게 귀를 기울일 수 있는 전제 조건이다. 자기 자신 안에 존재하는 것이 다른 사람들과 관계를 맺을 수 있는 필수 전제 조건이다.

_에리히 프롬, 「정신분석학과 윤리」

그런데 멋진 삶은 어디에 있는 거지?

앞 장에서 이야기한 내용을 간략하게 요약해 보자. 에서는 그가 살고 있는 매일매일이 다른 날과 마찬가지라고 확신하고 있었고 자신의 위장이 요구하는 바에 따라 한 접시의 콩죽에 장자 상속권을 포기해 버렸다. (야곱은 너그럽게도 그에게 두 번이나 식사를 제공했다.) 시민 케인은 온갖 물건들을 사들이기 위해 다른 모든 사람을 팔아먹었다. 인생의 마지막에 그는, 그렇게 할 수만 있다면 값비싼 물건들로 가득 찬 그의 집을 그리 중요하지 않은 하나의 물건, 낡은 썰매와 바꾸려 했을 것이다. 그 물건이 어떤 한 사람에 대한, 즉 그가 사고파는 일에 몸을 바치기 이전의 자기 자신, 소유하고 지배하는 것이 아니라 아직 사랑하고 사랑받는 것을 더 원했을 때의 자기 자신에 대한 추억을 간직하고 있었기 때문이다.

에서와 케인은 모두 자신이 원하는 것을 행한다고 믿었다. 그런데 그 둘 중 누구도 멋진 삶을 살았던 것 같지는 않다. 하지만 진정으로 원하는 게 무엇이냐고 그들에게 묻는다면 그들은 너나 나와 같은 대답을 할 것이다. "나는 멋진 삶을 살고 싶다"라고. 결론적으로 말해 우리가 무엇을 원하는지는 매우 분명하지만 이 '멋진 삶'이 어디에 있는지는 그리 분명하지 않다.

멋진 삶을 원하는 것은 콩죽이나 그림, 전자 제품을 원하는 것과는 다르다. 이런 것을 원하는 건 단순한 일이다. 이것은 현실의 한 가지 측면만을 지향하는 것이라서 그 배경에 전체적인 조망이 놓여 있지 않다. 물론 배가 고플 때 콩죽을 원하는 것 자체는 잘못된 일이 아니다. 하지만 세상에는 다른 것들, 다른 관계들, 지나간 과거를 붙잡으려 하고 다가올 미래를 희망하는 일, 그 밖에도 네가 생각할 수 있는 많은 것들이 존재한다. 한마디로 인간은 콩죽으로만 사는 것이 아니다. 하지만 에서는 콩죽을 얻으려고 그의 인생에서 너무 많은 것들을 희생시켰다. 문제를 단순화해 너무 많은 대가를 치룬 셈이지.

이미 말했듯이 그는 눈앞에 죽음이 다가온 것처럼 행동했다. 죽음은 모든 것을 단순화한다. 네가 살날이 나흘밖에 남지 않았다면 중요한 건 몇 가지 안 될 것이다. (너를 구해 줄 수 있는 의학, 네 폐를 채워 줄 공기 등) 하지만 인생은 항상 그보다 복잡하고, 또 항상 우리에게 복잡한 일들을 안겨 준다. 이 모든 복잡한 일을 회피하고 아주 단순한 것만 찾는다면(콩죽을 원한다면) 오래 사는 삶, 더 나은 삶을 원하는 것이 아니라고 생각한다. 그런 경우 너는 차라리 당장 죽는 것을 원할 게다. 우리가 진정으로 원하는 건 멋진 삶이지, 당장 죽는 것이 아니다. 따라서 에서는 우리에게 결코 모범이 될 수 없다.

케인도 나름의 방식으로 문제를 단순화했다. 에서와는 달리 그는 헤프게 써 버리는 사람이 아니라 열심히 모으는 사람이었다. 그가 원했던 것은 사람들을 지배하는 권력과 아름답고 유용한 많은 물건들을 살 수 있는 돈이었다. 물론 나는 돈을 좋아하고, 아름답고 유용한 것을 선호하는 성향에 반대하지 않는다. 돈에 아무 관심이 없다고 말하는 사람, 자신은 아무것도 필요하지 않다고 말하는 사람을 나는 믿지 않는다. 내가 아무리 그리 질이 좋지 않은 진흙으로 빚어진 사람이라고 할지라도, 돈 한 푼 없이 사는 것은 바라지 않는다. 그리고 만일 내일 우리 집에 도둑이 들어 내 책을 훔쳐 간다면 (유감스럽게도 그 밖의 것은 별로 들고 갈 게 없을 테니까) 나는 무척 속상해 하겠지. 하지만 가면 갈수록 점점 더 많은 것을 (돈이나 물건을) 소유하고자 하는 태도도 완전한 정상은 아니다. 우리가 소유하고 있는 물건들이 반대로 우리를 소유하기도 하기 때문이다. 이 말은 우리가 소유하고 있는 것이 우리를 소유한다는 뜻이란다.

내 영혼이 가려움을 느낄 때

예를 하나 들어 보자. 언젠가 불교의 한 고승이 지금 내가 한 것과 똑같은 이야기를 제자에게 한 적이 있다. 그리고 그 제자도 네가 이 페이지를 읽으며 그러고 있을 것처럼 묘한 표정을 지으며 그 고승을 쳐다보았다. ('별로 가진 것도 없으면서'라고 생각했겠지.) 그러자 그 고승이 제자에게 물었다. "이 방에서 가장 갖고 싶은 물건이 무엇이냐?" 영리한 제자가 황금과 상아로 만든 아름다운 그릇을 가리켰다. 매우 값나가는 물건이었을 게다. "좋다, 그걸 가져라" 하고 고승이 말하자 그 제자는 두말없이 냉큼 오른손으로 그 물건을 집어 들었다. "떨어뜨리지 않도록 조심하려무나." 고승이 장난기 섞인 목소리로 말하며 다시 물었다. "또 가지고 싶은 것은 없느냐?" 그 제자는 탁자 위에 놓여 있는 돈주머니도 가지고 싶다고 솔직하게 말했다. "그래, 그것도 집으렴" 하고 고승이 시원스럽게 말했다. 제자는 왼손으로 그 돈주머니도 덥석 집었다. "이제 무엇을 하면 됩니까?" 약간 초조한 표정으로 제자가 스승에게 물었지. 고승이 대답했다. "네 몸을 긁어 보렴." 물론 그는 그럴 수 없었지.

몸의 어떤 곳, 혹은 심지어 영혼의 어떤 곳이 가려워 그곳을 긁어야 할 때가 있는 법이다. 하지만 두 손에 물건을 가득 쥐고는 몸을 긁거나 손짓을 할 수가 없다. 우리가 쥐고 있는 것이 도리어 우리를 쥐게 되지. 그러니 지나치지 않도록 주의하는 것이 현명한 일이다. 이것이 바로 케인이 겪었던 일이라고 할 수 있다. 그의 손과 영혼은 그가 소유한 재산으로 가득 차 있어서 그가 가려움을 느낄 때도 무엇으로 긁어야 할지 알지 못했을 게다.

케인이 생각했던 것보다 인생은 훨씬 복잡하다. 왜냐하면 손은 움켜쥐는 데뿐만 아니라 긁거나 쓰다듬는 데에도 쓰이기 때문이다.

그러나 케인의 좀 더 근본적인 잘못은 다른 데 있었다. 케인은 돈과 물건을 얻는 일에 사로잡혀 다른 사람들을 물건처럼 취급했다. 그는 이렇게 하는 것이 인간에 대한 권력을 얻는 일이라고 생각했다. 지나친 단순화라고 할 수 있지. 삶에서 가장 복잡한 문제는 바로 인간은 물건이 아니라는 데 있다. 처음에는 케인에게 아무 어려운 문제가 없었다. 그는 물건을 사고팔았고 마찬가지로 인간도 사고팔았지. 그에게는 여기에 아무런 차이가 없었다. 우리 인간은 유용한 물건을 이용하고 그러고 나서는 내버린다. 케인은 주위 사람들도 이와 똑같이 취급했다. 모든 게 잘되어 가는 것처럼 보였지. 그는 물건을 소유하듯이 사람도 소유하고 지배하고 기분에 따라 대했다. 그는 애인, 친구, 부하 직원, 정치적 경쟁자, 모든 생물을 그렇게 대했다. 물론 그는 다른 사람들에게 커다란 해를 끼쳤지. 하지만 그의 입장에서 볼 때 (우리가 추측하듯이 '멋진 삶'을 살기를 원했던 입장에서 볼 때) 가장 나쁜 점은 그가 자신에게 손해를 입혔다는 사실이다. 이것이 내가 가장 분명히 밝히고 싶고, 가장 중요하다고 생각하는 점이란다.

물질은 백화점에 맡겨 두자!

기만당하지 말거라. 물건으로부터는—그것이 세상에서 최고의 물건이라 할지라도—단지 물건만 얻을 수 있을 뿐이다. 자신이 가지고 있지 않은 것을 줄 수는 없는 법이다. 그렇지 않겠니? 물건은 물건 이상의 것을 결코 줄 수 없다. 콩죽은 배를 채우는 데 유용하다. 하지만 프랑스어를 배우는 데에는 아무 쓸모가 없다. 돈은 거의 모든 일에 유용하다. 하지만 돈으로 참된 우정을 살 수는 없다. (많은 돈을 주면 예속적이고 복종하는 사람을 친구로 얻거나 잠시 즐길 상대를 살 수는 있겠지. 하지만 그 이상은 얻을 수 없다.) TV 속 영상이 키스를 해 줄 수는 없다는 말이다.

우리 인간이 단지 물건이었다면 물건이 우리에게 주는 것으로 충분했을 게다. 바로 이것이 내가 이야기한 복잡함이다. 우리가 물건이 아니기 때문에, 물건이 지니고 있지 않은 '존재'를 우리는 필요로 한다. 우리가 케인처럼 다른 사람들을 물건으로 취급한다면 우리는 그들로부터 마찬가지로 물건만을 받게 된다. (자동기계처럼) 단추를 누르면 그들은 돈을 내주거나 서비스를 제공한다. 단추만 제대로 눌러 주면, 가라면 가고, 오라면 오고, 우리를 만지거나 웃는다.

하지만 이런 방식으로는 오직 우리 인간들만 줄 수 있는 미묘한 것들을 그들에게서 결코 얻을 수 없다. 우정, 존경 같은 것들 말이다. 사랑은 말할 것도 없고. 어떤 물건도 우리에게 우정, 사랑, 존경을 줄 수 없다. (그리고 동물도 마찬가지다. 그들은 우리와 성격이 많이 다르니까.) 이것들은 우리가 인간으로서 대우하는 평등한 인간들만이 우리에게—너, 나, 케인 등 모든 인간에게—줄 수 있는 근본적인 것이다.

이것이 중요한 이유는 우리 인간만이 서로를 인간으로 만들어 주기 때문이지. 내가 인간을 대상이 아니라 인간으로 대우하면 (내가 그들로부터 얻기를 원하는 것뿐만 아니라 그들이 원하고 필요로 하는 것을 배려하면) 인간만이 다른 사람에게 줄 수 있는 것을 그들이 우리에게 되돌려 주도록 만들 수 있단다.

케인은 이 미묘하고 섬세한 부분을 간과했다. 그는 모든 것을 소유했지만, 참된 존중, 자발적인 애정, 순수한 지적 교제 같은, 다른 사람만이 그에게 줄 수 있는 것들은 얻지 못했음을 (너무 늦게야) 깨달았다. 케인은 돈 외에는 중요한 것이 아무것도 없다고 여겼기 때문에 다른 사람들도 그에게 돈 외의 것을 원하지 않았다. 그는 이것이 자신의 잘못임을 알고 있었다.

다른 사람들을 인간으로 대우해도, 그들에게 짓밟히고, 배신당하고, 이용당하는 경우가 있다. 인정한다. 하지만 그래도 **단 한 사람**만은 우리를 존중한다는 사실을 생각해야 한다. 바로 우리 자신 말이다. 우리가 다른 사람을 물건으로 취급하지 않는다면, 우리는 적어도 다른 사람에게 물건이 되지 않을 우리 자신의 권리를 옹호하고 있는 것이다.

우리는 인간의 세계를 만들기를 원한다. 이 유일한 세계, 인간이 서로를 인간으로서 대우하는 세계, 인간이 진정으로 멋진 삶을 살아갈 수 있는 세계를 만들고 싶다는 말이다. 나는 인생의 마지막에 케인이 느낀 회의가 단지 그가 어린 시절에 누렸던 부드러운 인간관계의 끈을 잃어버린 사실을 깨달은 데서 온 것일 뿐만 아니라 자신의 삶 전체를, 인간관계를 파괴하는 데 바쳤다는 사실을 깨달은 데서 온 것이라고 생각한다. 그가 그런 인간관계를 소유하지 못했다기보다는 오히려 그럴 자격이 없다는 것을 깨닫게 되었으리라는 말이다.

하지만 너는 수많은 사람들이 억만장자 케인을 부러워했다고 말할지도 모르겠다. 물론 많은 사람들이 '그는 인생을 사는 법을 알아' 라고 생각했지. 하지만 그래서? 헛된 꿈에서 깨어나라, 아들아! 다른 사람들은 멀리서 우리를 부러워하면서도 실제로는 바로 그 순간에 우리가 암으로 죽어가고 있다는 사실을 모를 수 있단다. 자기 자신에게 만족을 느끼는 것보다 다른 사람의 마음에 들기를 더 원하는 것이 올바른 삶의 태도일까? 케인은 세간에서 말하는 인간의 행복을 얻기 위한 조건들을 모두 지니고 있었다. 돈, 권력, 영향력, 하인. 하지만 그는 결국 – 사람들이 말하는 것과 상관없이 – 가장 중요한 것이 빠져 있음을 깨달았다. 자유로운 인간, 서로를 물건이 아니라 인간으로서 대우하는 인간들 사이의 참된 애정, 존중, 사랑 말이다.

너는 영화의 주인공들이 대부분 그렇듯이 이 케인도 특이한 사람이라고 말할지 모르겠구나. 대부분의 사람들이 그런 궁전에서 그처럼 대단한 호사를 누리며 살 수 있다면 만족할 것이고, 로즈버드라는 썰매는 기억조차 하지 않을 것이라고 냉소적으로 말할 테지. 케인은 다소 특이한 사람일 수도 있겠지. 그처럼 많은 것들을 소유하고 있으면서 불행을 느낀다니 말이다. 다른 사람들은 내버려 두고 단지 너 자신에 대해 생각해 보라고 말하고 싶구나. 네가 원하는 멋진 삶이 케인과 같은 삶이니? 에서의 콩죽에 만족할 수 있겠니?

빨리 대답을 못하는구나? 윤리의 목표는 사람들이 우리에게 이야기하는 것이나 TV 광고에 나오는 것을 넘어서서 우리가 진정으로 원하는 멋진 삶이 어디에 있는지를 찾아내는 것이란다. 우리는 멋진 삶이 물질에 의존하고 있지만 (예를 들어 우리는 철분을 많이 함유하고 있는 콩을 필요로 한다) 그것이 전부는 아님을 알고 있다. 사물은 사물로서 취급하고 인간은 인간으로서 대우해야 한다. 물질은 우리에게 많은 부분에서 도움을 주지만 인간은 어떤 물질도 해 줄 수 없는 가장 근본적인 부분에서 서로에게 도움을 준다. 즉 서로를 인간으로 만들어 주지. 아마도 너는 케인이 미친 것일까, 아니면 내가 미친 것일까 하고 스스로에게 물을지도 모르겠다.

인간이 된다는 것은 그리 중요하지 않은 일일 수도 있다. 우리가 원하건 원치 않건 간에 이미 우리는 인간이기 때문이다. 하지만 인간은 인간인 물질이 되거나, 아니면 인간인 인간이 될 수 있다. 다시 말해 단지 물질을 많이 얻는 것만 생각하는 인간, 많으면 많을수록 좋다는 믿음으로 모든 물질을 얻으려는 인간이 될 수도 있고, 오직 인간들 사이에서만 경험할 수 있는 인간됨을 누리는 인간이 될 수도 있다. 너 자신의 가치를 떨어뜨리지 말기를 바란다. 물질은 백화점에 맡겨 두어라! 그곳이 물질에 적합한 곳이니까.

아무렇게나 살지 않기로 결심하기

아마도 처음에는 많은 사람들이 내 이야기의 중요성을 인정하려 들지 않을 것이다. 하지만 그들이 믿을 만한 사람들일까? 그들이 가장 똑똑한 사람들일까? 아니면 그들은 단지 가장 중요한 주제인 그들의 삶에 별로 **주의**를 기울이지 않는 사람들은 아닐까? 사람들은 사업이나 정치에 대해서는 똑똑하면서도 동시에 어떻게 하면 멋진 삶을 살 수 있는가라는 좀 더 진지한 문제에 대해서는 매우 어리석을 수 있다. 케인은 돈과 사람들을 조종하는 데에는 매우 똑똑한 사람이었지만, 마지막에 이르러서는 결국 가장 중요한 일에서 잘못을 저질렀음을 깨달았다. 그가 반드시 올바르게 행동해야 할 곳에서 잘못을 저지른 셈이지.

이런 맥락에서 가장 중요한 단어 하나를 짚고 넘어가고자 한다. **주의**. 이 단어로 내가 말하고자 하는 것은 자신의 행동에 대해 성찰하는 능력, 우리가 원하는 **멋진 삶**의 의미를 가능한 한 정확하게 정의하려 하는 능력이다. 안일하고 위험한 단순화에 빠지지 않고 삶의 모든 복잡성을 이해하려는 시도는 매우 어려운 일이란다.

가장 중요하고 꼭 필요한 윤리적 조건은 아무렇게나 살지 않기로 결심하는 것, 우리가 조만간 죽는다고 할지라도 모든 게 마찬가지인 건 아니라는 신념을 갖는 일이라고 생각한다. '도덕'에 대해 이야기하면 대부분의 사람들은 그 이유를 정확히 알지 못하면서도 관행에 따라 존중하고 있는 명령이나 관습을 생각한다. 하지만 진정한 어려움은 어떤 조항에 복종하거나 주어진 규칙에 항거하는 것이 아니라 그 이유를 이해하는 데에 있다. 어떤 태도는 마음에 들고 어떤 태도는 그렇지 않은 이유를 이해하는 것, 삶이란 무엇이며 우리의 삶을 멋지게 만들어 주는 것이 무엇인지를 이해하는 일 말이다.

이를 위해서는 좋은 사람으로 여겨지는 것, 다른 사람들 눈에 좋은 사람으로 보이는 것에 만족하지 않는 태도가 가장 중요하다. 그러려면 교활하게 순응하거나 로봇처럼 복종하지 말고, 다른 사람들과 이야기를 나누고, 그들이 옳을 때 그것을 인정하고, 그들의 말에 귀를 기울일 줄 알아야 한다. 동시에 고독 속에서 스스로 결단을 내리는 수고를 받아들여야만 한다. 그 **누구도 너의 자유를 대신 행사해 줄 수는 없으니까.**

결론적으로 네게 두 가지 질문을 하겠다. 곰곰이 생각해 보기 바란다. 첫 번째, 나쁜 것은 왜 나쁠까? 두 번째는 좀 더 나은 질문을 하겠다. "인간을 인간으로서 대우한다는 것은 무엇을 의미할까?" 네가 계속 인내심을 발휘한다면 다음 두 장에서는 이 문제에 대해 대답해 보려 한다.

세네카(루브르 박물관 소장)

인간에게서는 가난함이 부유함이라는 잘못된 표현을 얻게 된다. 예
컨대 열이 우리에게 찾아오는 것인데도 우리에게 열이 있다고 말
하는 방식으로 인간은 부를 얻는다.

_세네카, 「루킬리우스에게 보내는 편지」

인간의 약점이 인간을 사회적으로 만든다. 공동의 불행은 우리의
인간적인 마음을 열어 준다. 우리가 인간이 아니었다면 이처럼 약
점에 빚을 지지 않았을 것이다.

모든 정은 약점의 표현이다. 우리가 다른 사람을 필요로 하지 않는

다면 그들과 협력할 생각을 전혀 하지 않았을 것이다. 이렇듯 우리의 약점에서 우리의 부서지기 쉬운 행복이 생겨난다.

진정으로 행복한 존재는 고독한 존재다. 오로지 신만이 절대적인 행복을 누릴 수 있다. 하지만 우리 중 누가 그것을 생각이나 할 수 있겠는가? 불완전한 존재가 자기 자신에게 만족을 느낄 수 있겠는가? 불완전한 존재가 무엇으로 완전한 기쁨을 누릴 수 있겠는가? 인간은 고독하고 불행하다. 나는 아무것도 필요로 하지 않는 존재가 무언가를 사랑한다는 것은 있을 수 없는 일이라고 생각한다. 그리고 아무것도 사랑하지 않는 존재가 행복해진다는 것은 불가능하다고 생각한다.

_장 자크 루소, 『에밀』

이성은 자연에 거역하지 않는다. 따라서 이성은 각자가 자기 자신을 사랑하기를, 자신의 유용함을 ─ 즉 자신에게 진정으로 유용한 것을 ─ 찾아내기를, 그리고 인간을 진정한 완전함으로 이끄는 것을 추구하기를 요구한다.

이성은 인간에게 주어진 많은 것, 자신의 존재를 유지하도록 노력하기를 요구한다. 따라서 인간에게는 인간 자신보다 유용한 것, 더 중요한 것은 없다.

나는 인간이 자신의 존재를 유지하기 위해 모두가 전체 안에서 서로 일치할 것을 바랄 수 있는 능력을 지녔다고 주장한다. 이 일치 속에서 모든 정신과 모든 육체가 함께 하나의 유일한 정신과 육체를 이루고, 가능한 한 모두가 이 존재를 보존하기 위해 함께 노력하고 모두가 공동의 이익을 추구한다. 이로부터 이성에 의해 인도되는 인간, 이성의 안내에 따라 이익을 추구하는 인간은 다른 인간들과 자신을 위해서 요구하는 것, 즉 정의롭고 진실하고 영예롭게 사는 것 외에는 아무것도 요구하지 않는다는 결론이 도출된다.

_스피노자, 『윤리학』

영혼의 절름발이에게 필요한 지팡이

우리 인생에 주어진 유일한 의무가 무엇인지 아니? 미성숙에 머물러 있지 말라는 것이다. 너는 그렇게 생각하지 않겠지만 '미성숙'이라는 단어는 보기보다 많은 뜻을 담고 있단다. 이 단어는 원래 '막대기, 지팡이'를 뜻하는 라틴어 'baculus'에서 유래했다. 미성숙은 걸을 때 지팡이가 필요한 사람을 가리킨다. 소아마비를 앓은 사람이나 노인들께서는 부디 노여워하지 마시길. 여기서 말하는 지팡이란 사고를 당하거나 나이가 들어 그것에 의존해서 걷는 사람들이 사용하는 그런 지팡이를 가리키는 것이 아니니까.

완전히 활동이 자유롭고 아프리카 영양처럼 뛰어다니는 사람도 미성숙한 사람일 수 있다. 발이 아니라 영혼이 절름발이인 사람, 육체적으로는 마음껏 뛰어오를 수 있어도 정신적으로 미숙하고 절름발이인 사람이 미성숙한 사람이다. 세상에는 매우 다양한 종류의 미성숙한 사람이 존재한단다.

- 아무것도 원하는 것이 없다고 생각하는 사람. 자신에게는 모든 것이 마찬가지라고 말하는 사람. 언제나 하품을 하고, 코를 골지 않고 눈을 뜨고 있으면서도 항상 낮잠에 빠져 있는 사람.
- 모든 것을 원한다고 생각하는 사람. 사람들이 그에게 제시하는 가장 좋은 것과 그 반대의 것을 모두 동시에 원하는 사람. 떠나는 것과 머무는 것, 춤추는 것과 앉아 있는 것, 마늘을 씹는 것과 부드러운 키스를 나누는 것을 모두 동시에 하려는 사람.
- 자신이 무엇을 원하는지 모르고 그것을 찾으려고도 하지 않는 사람. 이런 종류의 미성숙한 사람은 주변 사람들이 원하는 것을 원하거나 특별한 이유가 없이 어떤 것을 원한다. 그가 행하는 모든 것은 주변의 대다수 사람들이 요구하는 것이다. 이런 사람은 깊이 생각하지 않고 타협하거나 이유 없이 반항한다.
- 그가 원하는 것을 알고, 또 어느 정도는 원하는 이유도 알지만, 그 원하는 힘이 약하고, 초조하거나 특별한 열정이 없는 사람. 그는 결국 자신이 원하지 않은 것을 행하거나, 원하는 것을 내일로 미룬다. 이렇게 함으로써 그는 편안한 기분을 느끼게 된다.

- 힘과 권력을 가지고 거칠게 원하는 사람. 하지만 그는 현실에 대해 스스로를 기만하고 커다란 실수를 저지름으로써 결국 멋진 삶을, 그를 파멸로 이끄는 것과 혼동한다.

이런 모든 미성숙에는 지팡이가 필요하다. 이들은 본래의 자유나 자기 성찰과는 무관한 낯선 것들에 의존할 수밖에 없다. 유감스럽게도 이런 미성숙한 사람들은 나쁜 종말을 맞게 된다는 점을 네게 말해 주고 싶구나. 여기서 말하는 '나쁜 종말'은 감옥에 간다거나 벼락을 맞는다는 뜻이 아니고(이런 일은 보통 영화에서나 일어난다), 그들이 대개 스스로에게 해를 끼쳐 너와 내가 그토록 원하는 멋진 삶을 결코 살지 못한다는 것이다. 그리고 더욱 유감스럽게도 우리는 거의 모두가 이런 미성숙을 어느 정도 지니고 있다는 사실을 네게 말해 주고 싶구나. 나 역시도 때때로 나 자신에게서 그런 사실을 확인한단다. 너는 나보다 낫기를 바란다. 결론적으로 말해 미성숙은 언제나 우리를 노리고 있으며 결코 용서를 알지 못한다.

자기 자신을 위해 최선의 것을 원하기

내가 여기서 말하는 미성숙을 사람들이 흔히 말하는 '머리가 나쁜' 것과 혼동하지 말기 바란다. 둔하고, 아는 것이 적고, 삼각함수를 이해하지 못하고, 프랑스어 동사 *aimer*의 접속법을 모르는 것 등은 미성숙과는 관계가 없다. (나처럼) 수학에 둔한 사람이 도덕, 즉 멋진 삶에도 둔한 것은 아니다. 또 그 반대로 사업에는 매우 똑똑하지만 윤리의 문제에는 천치인 사람도 있다. 세상에는 자신의 분야에서 가장 똑똑한 사람들인 수많은 노벨상 수상자가 있다. 하지만 이들 중 많은 사람은 여기에서 다루는 문제들에 대해서는 완전히 문외한이다.

물론 미성숙에서 벗어나려면 앞 장에서 우리가 이미 이야기한 것들에 주의를 기울여야 하고, 배우기 위해 많은 노력을 들여야 한다. 이런 조건은 물리학, 고고학, 윤리학에 모두 마찬가지로 적용된다. 멋진 삶을 사는 것은 2 더하기 2가 얼마인지를 아는 것과 다르다. 수학을 아는 것은 물론 멋진 일이지. 하지만 도덕적인 문제에서 미성숙한 사람을 추락에서 지켜 주는 지식은 이런 지식이 아니다. 그렇다면 여기서 2 더하기 2는 도대체 어떤 것일까?

도덕적으로 미성숙한 것의 반대는 **양심**을 가지는 것이다. 하지만 양심은 복권처럼 따내거나 하늘에서 떨어지는 것이 아니다. 물론 어려서부터 다른 사람보다 뛰어난 윤리적 '청각'과 도덕적인 '좋은 취미'를 가진 사람이 있다는 것을 인정한다. 이러한 '청각'과 '좋은 취미'는 실천 속에서 더 확고하게 만들고 발전시켜야 한다. (음악적 청각이나 미학적 취미와 마찬가지로)

그렇다면 멋진 삶의 문제에 대해 '청각'이나 '좋은 취미'를 전혀 가지고 있지 않은 사람의 경우에는 어떨까? 윤리적 문제를 이해시키기가 매우 어렵다고 말할 수밖에 없다. 예를 들어 역사, 형식과 색채의 조화 등 많은 미학적 이유를 들어 달리의 그림이 「닌자 거북이」 만화보다 훨씬 위대한 예술적 가치를 지니고 있음을 이야기해도, 그것을 납득하지 못하고 자신은 달리의 「기억의 지속」(「녹아내리는 시계」라고도 한다)보다 「닌자 거북이」의 만화가 더 마음에 든다고 말하는 사람이 있다면 그를 이 오류에서 벗어나게 해 줄 수 있는 방법을 나는 알지 못한다. 이와 마찬가지로 어린아이에게서 가짜 젖꼭지를 빼앗기 위해 아이를 때려죽이는 건 몹쓸 행동임을 이해하지 못하는 사람을 설득하려면 목이 쉬도록 이야기해도 힘들 것이다.

음악을 사랑하거나 예술을 애호하는 경우와 마찬가지로 양심을 가지기 위해서도 타고난 소질이 필요하다는 것을 인정한다. 또 사회적, 경제적 조건도 여기에 어느 정도 영향을 미칠 것이다. 태어나면서부터 인간에게 꼭 필요한 것들조차 제대로 갖추지 못하고 살아온 사람은 멋진 삶이 어떤 것인지를, 커다란 행운을 타고난 사람만큼 쉽게 이해할 수 없을 테니까. 만일 아무도 너를 인간으로서 대우하지 않는다면 네가 동물처럼 되는 것도 그리 놀라운 일은 아니다. 하지만 이런 최소한의 조건을 인정한다고 해도, 나머지 부분은 각자의 주의력과 노력에 달려 있다는 것이 나의 믿음이다. 우리를 도덕적 미성숙에서 벗어나게 해 주는 양심은 도대체 어디에 있는 것일까? 양심의 근본적인 특징은 다음과 같다.

- 우리가 진정으로 삶을 원하고, 그것도 멋진 삶, 인간적으로 멋진 삶을 원하기 때문에 모든 것이 마찬가지가 아니라는 사실을 아는 것.
- 우리가 행하는 것이 우리가 진정으로 원하는 것과 일치하는지, 그렇지 않은지에 주의하는 것.
- **좋은 도덕적 취미**를 계발하고, 우리가 양심에 따라 즉시 거부하게 되는 일이 있다는 사실을 배우는 것. (예를 들어 우리가 먹으려고 하는 음식에 오줌을 누는 짓이 정상적인 사람에게 구역질을 일으키는 것과 마찬가지로, 거짓말도 구역질이 나게 하는 일이라는 사실을 느끼는 것.)
- 우리가 자유롭고 이성적으로 우리 행위의 결과에 **책임질** 수 있다는 사실을 숨기려 하는 변명을 결코 하지 않는 것.

양심이 미성숙에 우선해야 하는 이 특징들을 서술하면서 나는 네게 유익한 동기 외에는 다른 어떤 동기도 언급하지 않았다. 우리가 '나쁘다'고 말하는 것들은 왜 **나쁠**까? 우리가 원하는 멋진 삶을 살지 못하도록 만들기 때문이다. 그렇다면 나쁜 것을 피해야 하는 이유는 우리의 이기심에 기인한다는 결론을 내려도 될까? 바로 그렇다. 그 이상도 그 이하도 아니다.

일반적으로 '이기심'이라는 단어는 부정적인 냄새를 풍긴다. 오로지 자기 자신만을 생각하고 다른 사람을 고려하지 않는 사람, 심지어 자신의 이익을 위해서라면 다른 사람을 해치는 것도 마다하지 않는 사람을 우리는 이기적이라고 말한다. 이런 의미에서 우리는 케인을 이기주의자라고 말할 수 있을 게다. 또 가장 원초적인 기분에 따라 범죄 행동을 일삼았던 로마 황제 칼리굴라도 이기주의자라고 말할 수 있을 것이다. 이런 종류의 사람들을 우리는 이기적이라고 (혹은 무섭게 이기적이라고) 여긴다. 뛰어난 양심이나 나쁜 일을 하지 않으려는 노력은 이들과는 거리가 멀다.

인정한다. 하지만 이른바 이들 이기주의자들이 겉보기에 그런 것처럼 진정으로 이기적일까? 진정한 이기주의자의 삶은 어떤 삶일까? 다시 말해 미성숙하지 않으면서 이기적일 수 있는 사람은 어떤 사람일까? 그 대답은 분명하다. **자기 자신을 위해서 최선의 것을 원하는 사람**이다. 우리가 '멋진 삶'이라고 말하는 것을 원하는 사람 말이다. 케인은 멋진 삶을 살았을까? 오손 웰스가 이야기한 바를 그대로 믿는다면 케인은 그렇지 못했던 것 같다. 그는 인간을 사물로 취급했고, 그 때문에 인간이 가장 원하는 삶의 선물, 즉 계산에서 나온 것이 아닌 순수한 애정과 우정을 누리지 못하고 살았다.

칼리굴라도 마찬가지다. 이 불쌍한 작자가 자신의 삶을 어떻게 만들어 버렸니! 그가 주위 사람들에게 일깨운 감정은 증오와 공포뿐이었다. 사랑과 감사보다는 공포와 잔혹함에 둘러싸여 사는 것이 낫다고 생각하는 사람은 도덕적으로 미성숙하다고 할 수밖에 없다. 마지막에 가서 이 주의력이 부족한 칼리굴라는 자신의 경호병도 살해했다. 악행을 토대로 해 멋진 삶을 살기를 원했던 칼리굴라는 얼마나 불쌍한 이기주의자일까!

그가 진정으로 자기 자신을 생각했다면(그가 양심이 있었다면), 멋진 삶을 살기 위해서는 오로지 다른 사람들만이 우리에게 줄 수 있는 것이 필요하다는 사실(물론 우리에게 그것을 받을 자격이 있을 때), 폭력과 기만으로는 멋진 삶을 빼앗을 수 없다는 사실을 깨달았을 게다. 우리가 그것을 빼앗으려 하면, 그것은 중요한 어떤 것(존중, 우정, 사랑)을 잃게 되고, 결국 좋은 취미를 모두 잃어버려 장기적으로는 독으로 변하고 만다. 케인이나 칼리굴라 같은 이기주의자들은 일등상을 타려고 행운상 추첨에 참여하지만 자신의 잘못으로 꽝을 뽑는 사람들과 비슷하다.

스스로에게 내리는 가장 큰 벌

우리가 일관된 이기주의자라고 말할 수 있는 사람은 단 한 종류의 사람뿐이다. 무엇이 자신이 원하는 멋진 삶에 적합한지를 알고, 그것을 이루어 내려고 노력하는 사람이 바로 진정한 이기주의자다. 모든 것으로 배를 가득 채우려 하는 사람, 무언가를 악으로 얻어 내려 하는 사람(증오, 범죄를 저지르고 싶은 기분, 눈물의 대가로 콩죽을 얻는 것 등등), 이런 사람도 원래는 이기주의자가 되고 싶었겠지만 그렇게 되지 못한다. 그는 미성숙한 무리에 속한다. 그런 사람들이 자기 자신을 더 사랑하려면 양심이 필요하다. 그런 가난한 사람은 (그가 백만장자건 황제건 간에) 자기 자신을 사랑한다고 믿고 있으면서도 자신에게 진정으로 적합한 것에 제대로 주의를 기울이지 못하고, 결국 스스로에게 사악한 적과 같은 태도를 취한다.

이러한 사실을 세계문학의 유명한 악당인 리처드 3세, 셰익스피어 비극의 제목이자 주인공인 이 인물은 잘 인식하고 있다. (후에 리처드 3세로 왕위에 오르게 됨) 글로스터 공작은 그가 권좌에 오르는 데 방해가 되는 남자 친척들을 어린아이에 이르기까지 모두 제거해 버린다. 글로스터 공작은 매우 영리했지만 꼽추였기 때문에 마음에 상처를 가지고 있었다. 그는 왕의 권력이, 등의 혹과 발을 저는 자신의 신체적 약점 때문에 얻지 못하는 존경을 가져다주리라고 생각했다.

사실 그는 사랑을 받고 싶어했다. 자신의 흉한 외모 때문에 고립되어 있다고 느꼈던 그는 권력의 도움으로 다른 사람들에게 애정을 강요할 수 있으리라고 믿었다. 물론 그는 실패했다. 그는 비록 왕좌를 얻었지만, 애정이 아니라 혐오와 증오만을 얻었다. 그러나 이 모든 것 중에서 최악은 절망적인 자기애 때문에 그 모든 범죄를 저지른 그가 결국 자기 자신에 대해 혐오와 증오를 느끼게 되었다는 사실이다. 그는 새로운 친구를 얻지 못했을 뿐만 아니라 그가 확신했던 유일한 사랑조차도 잃어버리고 만다!

그는 자신이 원했던 것, 즉 왕좌에 도달했다. 하지만 그 대가로 그는 다른 사람들에게 사랑받고 존경받을 수 있는 참된 기회를 파괴해 버리고 말았다. 왕좌 그 자체는 참된 사랑도, 진정한 존경도 가져다주지 못한다. 그것이 보장해 주는 것은 단지 아첨, 두려움, 복종뿐이다. 리처드 3세처럼 악행을 통해 왕좌를 얻는 경우, 육체적 결함을 보상받기는커녕 오히려 자신의 내면마저 기형으로 만든다. 등에 달린 혹과 저는 다리는 그의 잘못이 아니다. 따라서 그는 이 불운에 대해 부끄러워해야 할 이유가 없다. 부끄러워해야 할 사람은 오히려 그것을 이유로 그를 비웃고 업신여기는 사람이다.

다른 사람들이 볼 때 비록 그의 외모가 흉하다고 할지라도, 그의 내면은 현명하고 관대하고 애정을 받을 가치가 있도록 만들 수 있다. 그가 자신을 진정으로 사랑했다면, 이 순결하고 올바른 내면, 자신의 참된 자아를, 행동을 통해 외부로 표현하려고 노력했을 것이다. 하지만 그는 그 반대의 일을 행했다. 그의 범죄가 그를 (그 자신만이 유일한 증인인 내면을 스스로 관찰한다면) 괴물로 변신시켰다.

왜 그렇게 되었을까? 자연이 만들어 낸 우연의 소산인 다른 기형과는 달리 도덕적 혹과 도덕적 절름발이는 그 자신의 책임이기 때문이다. 기만과 피로 얼룩진 왕좌는 그를 결코 사랑받을 만한 사람으로 만들어 주지 못한다. 오히려 그 반대다. 이제 그는 전보다도 더 사랑받을 자격이 없는 사람이 되어 그 자신조차 사랑할 수 없게 되어 버렸다. 그토록 자기 자신을 괴롭히는 사람을 이기주의자라고 말할 수 있을까?

앞 장에서 나는 진지한 단어들을 사용한 바 있다. 너는 그 단어를 놓치고 넘어가지 않았으리라 믿는다. (만일 그랬다면 그건 운이 나빴을 뿐이니까 이제부터 집중하면 된다!) 바로 '죄의식'과 '책임'이라는 단어다. 사람들은 흔히 이 단어들을 양심, 피노키오에 나오는 귀뚜라미, 그리고 다

른 여러 가지 것들과 연결하곤 한다. 이 단어의 가장 추한 형태가 **후회**라고 할 수 있다. 글로스터 공작의 삶을 어둡게 만든 것, 그로 하여금 왕좌와 권력을 누리지 못하도록 만든 것은 무엇보다도 양심의 가책이었다.

이제 네게 질문을 던지겠다. 양심의 가책이 어디에서 오는지 알고 있니? 인간이 나쁜 행동을 한 결과로 이 세상에서나 아니면 다른 세상에서 받아야 할 벌에 대한 불안이 마음의 가장 깊은 곳에서 반영된 것이라고 대답할지도 모르겠구나. 하지만 글로스터는 인간들의 정의로운 복수를 두려워하지 않았고, 영원히 타오르는 불 속에 그를 내던져 악행을 벌하는 신도 믿지 않았다. 그런데도 그는 양심의 가책 때문에 불안을 느꼈다.

주의하기 바란다. 인간은 보복을 당하지 않을 것이 분명한 경우에도 잘못된 행동을 후회한다. 잘못된 행동을 했다고 의식하는 경우, 우리는 이미 그것으로 벌을 받는 것이고, 우리가 – 어느 정도는 우리의 자유의지에 따라 – 자신의 삶을 파괴했음을 깨닫는 것이다. 자신의 행동을 통해 자신이 진정으로 원하는 삶을 거부했다는 사실을 깨닫는 것보다 더 큰 벌은 없다.

나 자신에게, 그리고 내 주변 세계에 흔적을 남기는 일

양심의 가책은 어디에서 오는 것일까? 내게는 그 대답이 분명하다. 우리의 자유에서 온다. 우리가 자유롭지 않다면 우리는 아무런 죄의식도 느끼지 않았을 것이고(동시에 자랑스러움도 느끼지 않겠지), 양심의 가책을 피할 수 있었을 것이다. 우리가 수치스러운 짓을 했다고 깨닫는 경우, 달리 어떻게 행동할 수 없었다거나 다른 선택의 여지가 없었다고 자신을 정당화하는 것은 바로 그런 이유에서다. "나는 윗 사람의 명령을 수행했을 뿐이다", "누구나 다 그렇게 행동한다", "나는 잠시 이성을 잃었다", "어쩔 수가 없었다", "나는 내가 하는 행동을 의식하지 못했다".

어린아이가 높은 선반에서 꿀단지를 꺼내려다가 땅에 떨어뜨려 깨뜨렸을 때, 울면서 "내가 안 그랬어요!" 하고 소리치는 것도 마찬가지다. 자신의 잘못을 알고 있기 때문에 그렇게 소리치는 것이지. 그렇지 않다면 그렇게 소리치는 수고를 하지 않았을 것이고, 아마도 오히려 웃음을 터뜨렸을 게다. 반면에 멋진 그림을 그렸을 때라면 그 아이는 즉시 이렇게 말할 테지. "나 혼자서 이 그림을 그렸어요. 아무 도움도 받지 않고요!" 이와 마찬가지로 우리 어른도 이루어 낸 일이 자신의 공적이라는 것을 강조할 때는 자유를 주장하지만, 자신의 행동이 그리 명예롭지 못한 경우에는 기꺼이 '상황의 노예'가 되려 한다.

이 귀찮은 귀뚜라미와 이제 그만 작별하자. 이 귀뚜라미는 라퐁텐 우화에 나오는 저 고약한 개미와 마찬가지로 그다지 동정심이 없는 곤충이란다. 어리석은 귀뚜라미에게 교훈을 준답시고 한겨울에 먹을 것과 쉴 곳을 내주지 않았던 저 비열한 개미처럼 말이다. 중요한 건 자유를 진지하게 받아들이는 태도, **책임을 의식하는** 자세이다. 자유에서 가장 진지한 문제는, 그것이 우리가 마음대로 되돌릴 수 없는 분명한 결과를 가져온다는 것이다. 내게는 내 앞에 놓여 있는 과자를 먹거나 먹지 않을 자유가 있다. 하지만 일단 먹고 난 다음에 그것을 다시 내 앞에 놓여 있게 하거나 그렇지 않게 할 수 있는 자유가 내게는 없다.

아리스토텔레스가 말한 다른 예를 들어 보자. (폭풍우를 만난 배에 대한 이야기를 한 그 늙은 그리스 철학자를 기억하고 있겠지.) 내가 돌을 손에 들고 있는 경우, 내게는 그것을 계속 지니거나 내던질 자유가 있다. 하지만 내가 그 돌을 던져 버린다면, 나는 그 돌을 다시 손에 쥐기 위해 돌아오라고 명령할 수 없다. 그리고 내가 그 돌로 누군가의 머리를 내려친다면, 내가 무슨 말을 하려는지 알겠지?

자유에서 가장 진지한 문제는 내가 행하는 모든 자유로운 행동이 선택의 가능성, 그 가능성들 중 어느 하나를 실현할 수 있는 가능성을 제한한다는 것이다. 책임을 지기 전에 그 결과가 좋은지 나쁜지 확인하려고 기회를 엿보는 것도 무의미한 일이다. "내가 안 그랬어요" 하고 말하는 어린아이처럼 멀리 있는 사람을 속일 수는 있을 테지. 하지만 자기 자신은 결코 속일 수가 없는 법이다. 글로스터 공작이나 피노키오에게 물어 보렴.

결국 '후회'란 자유를 잘못 사용했을 때, 우리가 인간으로서 진정으로 원하는 것과 모순되게 그것을 사용했을 때, 우리 인간이 자신에 대해 느끼는 불만이다. 책임을 진다는 것은 선과 악에 대해 자신이 진정으로 자유롭다는 사실을 깨닫고, 행동의 결과를 받아들이며, 나쁜 것을 피하고 좋은 것에서 이익을 얻어 냄을 의미한다. 잘못된 교육을 받은 비겁한 아이와는 달리 책임질 줄 아는 아이는 언제나 자신의 행동에 대해 "네, 제가 그랬어요"라고 **인정할** 자세가 되어 있다. 나쁜 일이 일어났을 때 상황에 책임이 있어 보이는 경우는 얼마든지 있다. 우리가 살고 있는 사회, 자본주의 체제, 나의 성격(나는 그렇게 생겨 먹었어!), 잘못된 가정교육(응석받이로 자라난 것), TV 광고, 거역하기 어려운 유혹 등등.

이 '거역하기 어렵다'는 것이 바로 이러한 정당화에 사용되는 핵심 단어다. 책임에서 벗어나려 하는 모든 사람들은 거역하기 어려운 것이 있다고 믿는다. 광고, 마약, 식욕, 뇌물, 성격 등이 우리를 어쩌지 못하도록 사로잡고 있다는 것이다. 거역하기 어려운 것이 모습을 드러내면 인간은 자유를 포기하고, 결과에 대한 책임을 요구할 수 없는 꼭두각시로 변신한다는 말이다. 권위주의 체제를 옹호하는 사람은 거역하기 어려운 것의 힘을 확고하게 믿으며, 이에 따라 인간을 사로잡는 모든 것을 금지해야 한다고 주장한다. 경찰이 모든 유혹에 종지부를 찍으면 모든 범죄가 사라지리라는 것이다. 하지만 그렇게 되면 자유도 사라지고 만다. 모든 일에는 대가가 따르는 법이다. 내게 한 가지 위안이 되는 것은, 단 하나의 유혹이라도 남아 있는 경우에 일어난 일에 대한 책임은 그것에 굴복한 사람이 아니라 그것을 제때에 제거하지 못한 사람에게 있다는 사실을 내가 알고 있다는 거란다.

하지만 이 '거역하기 어려운 것'이란 자유에 대해 두려움을 지닌 사람들이 꾸며 낸 미신에 불과하다는 사실을 네게 말해 주고 싶다. 우리에게서 책임을 면제해 주려는 모든 제도나 이론은 우리를 행복하게 해 주는 것이 아니라 우리를 노예로 만든다는 사실을 네게 말해 주고 싶다. 이 세상의 모든 것이 당연히 그렇게 되도록 되어 있다고 믿는 사람, 그런 생각에 따라 행동하려 하는 사람은 바보거나 패배자, 혹은 그 두 가지 성격을 모두 가지고 태어난 사람이라는 것을 네게 말해 주고 싶다. 우리에게 부과된 그 수많은 금지와 우리를 감시하는 수많은 경찰들이 있음에도 **우리가 원한다면** 우리는 – 자기 자신에게 해악을 입히는 – 악한 행동을 할 수 있다. 바로 이것을, 나는 네게 분명한 확신을 가지고 말해 주고 싶다.

아르헨티나의 위대한 시인이자 작가 루이스 보르헤스는 그의 소설의 첫머리에서 자신의 조상 중 한 사람에 대해 다음과 같이 이야기한다. "그는 모든 다른 인간과 마찬가지로 어려운 시대를 헤쳐 나가야 했다." 실제로 인간으로서 멋진 삶을 살아가는 일이 전혀 어렵지 않았던, 완전히 행복한 시대를 살았던 사람은 없다. 폭력과 절도, 비겁과 미성숙(도덕적인 미성숙과 또 다른 종류의 미성숙), 진실처럼 가장한 (그래서 기분 좋게 들리는) 거짓이 어느 때나 존재해 왔다. 멋진 삶이 선물로 주어진 사람은 없으며, 용기와 노력 없이 원하는 일을 이룬 사람도 없다. 덕과 용기를 뜻하는 라틴어 '*virtus*'는 원래 자신보다 강한 적과의 싸움을 승리로 이끄는 무사의 남성적 힘을 뜻하는 '*vir*'에서 나왔다.

너를 놀리는 것처럼 보인다고? 그렇다면 사전을 찾아보렴. 네게 분명히 말할 수 있는 한 가지는 어느 누구도 게으름뱅이들의 천국에서 살았던 적이 없으며, 상황이 그에게 호의적이거나 온 우주가 그를 위해 행복을 마련해 주리라는 희망을 갖지 않고 멋진 삶을 살려면 매일매일 스스로 결단을 내릴 수밖에 없다는 것이다.

책임의 핵심은 – 네가 이 문제에 관심을 갖는다면 – 단지 이런저런 변명거리를 찾지 않고 스스로를 비판할 수 있는 용기나 명예심을 갖는 것에 그치는 게 아니란다. 책임 있게 행동하는 사람은 자유가 실재한다는 것을 깨닫고 있어야 한다. '실재'라는 말을 나는 '진실로'와 '실제로'라는 이중의 의미로 사용하고 있다. 책임이라는 말은 나의 모든 행동이 나를 구성하고, 규정하고, 만들어 냄을 뜻한다. 내가 원하는 것을 선택하는 일은 **나 자신을 차츰 변화시킨다.** 내가 내린 모든 결단은 내 주변 세계에 흔적을 남기기에 앞서 우선 나 자신 속에 흔적을 남긴다. 내가 만일 얼굴을 칼로 긋는 일에 내 자유를 사용한다면, 나는 물론 그에 대해 한탄하거나 거울에 보이는 내 모습에 놀라지 않을 것이다.

내가 올바른 행동을 하게 되면, 나쁜 행동을 하기가 점점 더 어려워진다. (그리고 유감스럽게도 그 반대의 경우도 마찬가지다.) 서부영화에 나오는 영웅적 주인공이 등 뒤에서 악당을 쏠 수 있는 기회가 주어져도 "나는 **그럴 수 없어**"라고 말할 때 우리는 그가 무엇을 말하려 하는지 이해할 수 있다. 그렇게 할 수 있지만, 그에게는 도덕이 있는 것이다. 결국 그는 역사 속에서 '선한 사람'이 된다. 그는 그가 선택한 삶의 모습에 충실하게 살아갈 것이다. 이것은 고대에 이미 형성된 영웅상이다.

이 장이 너무 길어진 것을 용서하기 바란다. 이야기하는 것에 너무 깊이 빠져든 데다 네게 해 줄 말이 많았던 탓이란다. 이 이야기는 이 정도로 그치고 이제 힘을 아껴 두기로 하자. 내일은 이 인간다운 행동이 - 즉 실재적인 행동, 혹은 이런 표현이 더 네 마음에 든다면, 선의의 행동이 - 어디에 존재하는지를 이야기해야 하니까.

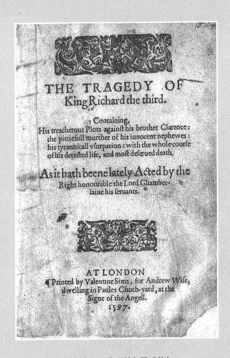

THE TRAGEDY OF
King Richard the third.

Containing,
His treacherous Plots againft his brother Clarence:
the pittiefull murther of his iunocent nephewes:
his tyrannicall vfurpation: with the whole courfe
of his deteſted life, and moſt deſerued death.

As it hath beene lately Acted by the
Right honourable the Lord Chamber-
laine his feruants.

AT LONDON
Printed by Valentine Sims, for Andrew Wife,
dwelling in Paules Chuch-yard, at the
Signe of the Angell.
1597.

『리처드 3세』 판본 중 일부

아, 겁 많은 양심이여. 왜 이리 나를 몰아대는가!

등불이 파리하게 불타고 있구나. 지금은 한밤중이다.

온몸이 공포에 떨며 식은땀에 젖었구나.

무엇이 두렵단 말인가? 나 자신이? 나 말고는 여기에 아무도 없지 않은가!

리처드는 리처드를 사랑한다. 나는 나란 말이지.

여기에 살인자라도 있단 말인가? 아니다. 그렇군, 살인자는 바로 나지.

그렇다면 달아나라! 하지만 나 자신으로부터? 그 이유는?

복수를 해야 하니까? 하지만 어떻게? 내가 나 자신에게 복수를?

나는 나를 사랑한다.

그것은 내가 나 자신을 위해 좋은 일을 했기 때문인가?

아, 유감스럽게도 그렇지 못하다. 나는 나 자신을 증오한다.

내가 저지른 가증할 죄악 때문에.

나는 악당이다. 아니, 그건 거짓말이다. 나는 악당이 아니야.

바보 같으니, 나 자신에 대해 좋게 말해야 하지 않겠는가! – 바보 같으니, 자신에게 아첨하지 말아라!

내 양심은 천 개의 혓바닥을 가지고 있다.

그 하나하나가 모두 제각기 증언을 들고 나와서

나를 악당이라고 비난하지 않는가!

위증자, 최악의 위증자,

살인자, 끔찍한 살인자, 극악무도한 살인자,

지금까지 범한 모든 범죄가 떼를 지어 몰려와 '유죄다! 유죄'라고 절규하고 있지 않은가?

절망이다. 그 누구도 나를 사랑하지 않는다.

내가 죽더라도 동정해 줄 영혼은 하나도 없을 것이다.

그렇다. 내 스스로도 자신에게 동정을 느끼지 못하는데

다른 사람들이 동정할 이유가 어디 있겠는가!

_윌리엄 셰익스피어, 『리처드 3세』

다른 사람이 네게 하기를 바라지 않는 행동을 다른 사람에게 행하지 말라는 것이 윤리의 근본 원칙 중 하나다. 똑같은 자격을 가지고 우리는 이렇게 말할 수 있을 것이다. **"다른 사람에게 하는 행동을 너 자신에게도 하라".**

_에리히 프롬, 『정신분석학과 윤리』

다른 사람에게 이로운 일을 하는 사람은 그 자신에게도 이로운 일을 하는 것이다. 그것은 그가 도움을 받았기 때문에 도움을 준다거나, 옹호를 받았기 때문에 옹호해 주는 것, 훌륭한 모범을 보이면 그것이 행동한 사람 자신에게 되돌아오고, 나쁜 예는 그 예를 보인 사람 자신에게 되돌아와 아무런 동정도 얻지 못한다는 것, 나쁜 사람은 자신의 행동으로 사람들에게 가르친 불의를 스스로 겪게 된다는 그런 의미에서가 아니다. 오히려 그 반대다. 모든 중요한 업적은 그 가치를 자체 내에 지니고 있다.

_세네카, 『루킬리우스에게 보내는 편지』

익사하지 않고 강을 건너는 방법 말고, 윤리가 다루는 문제들

로빈슨 크루소는 심한 폭풍우를 만나 난파당한 배가 떠밀려 간 섬의 해안을 따라 걸었다. 어깨에 앵무새를 올려놓고, 자신의 솜씨에 자부심을 느끼며 야자수를 엮어 만든 양산을 쓰고 있었다. 그는 자신이 주어진 상황에 매우 잘 적응하고 있다고 확신했다. 그는 험한 날씨와 짐승의 습격으로부터 자신을 지켜 줄 오두막을 소유했으며 어디에서 음식과 물을 구해야 하는지도 알았다. 옷도 섬에서 나는 재료로 직접 만들어 입었다. 그는 또 염소 몇 마리를 키웠다. 한마디로 그는 고독한 조난자로서 어느 정도 멋진 삶을 살아가는 방법을 알고 있었다.

로빈슨은 이런 삶을 이어 가며 만족을 느꼈고 어떤 순간에는 더이상 아쉬울 게 없는 듯이 생각되었다. 그러던 어느 날 해안을 따라

걷던 그가 갑자기 놀라 멈춰 섰다. 흰 모래사장에서 그의 평화로운 생활을 완전히 망쳐 놓을 수도 있는 어떤 것, 즉 사람의 발자국을 발견했던 것이다.

어떤 사람의 발자국일까? 친구일까, 적일까? 적이지만 친구로 만들 수 있는 사람의 것일까? 남자일까, 여자일까? 이 사람과 어떻게 소통할 수 있을까? 그를 어떻게 대해야 할까? 이 섬에 도착해 스스로 모든 문제를 해결하게 된 이래로 로빈슨은 홀로 자신과 대화하는 것에 익숙해져 있었다. 무엇을 먹을 것인가? 어디에서 잘 것인가? 어떻게 태양 빛으로부터 자신을 보호할 것인가? 하지만 이제 상황이 달라졌다. 이것은 굶주림, 비, 들짐승 따위의 자연적 사건이 아니라 다른 인간, 다른 로빈슨들과 관련된 문제이기 때문이다.

사물이나 동물에 대해서는 생존에 필요한 문제 외에 다른 것에는 신경을 쓸 필요가 없다. 이들보다 자신의 힘이 강한지, 아니면 이들이 자신보다 우월한지만 확인하면 되고 다른 복잡한 문제는 없다. 그러나 인간의 경우에는 문제가 그리 단순하지 않다. 이때도 물론 생존이 문제는 되지만 그 방식에 커다란 차이가 생겨난다. 고독과 절망을 견디지 못한 로빈슨이 원시림을 어슬렁거리며 돌아다니는 짐승들처럼 변해 버렸다면, 그 알지 못할 발자국의 주인공이 그가 해치워야 할 적인지, 아니면 잡아먹을 수 있는 먹이인지에 대해서만 생각했을 것이다. 하지만 그가 인간으로 남아 있기를 원한다면, 그 발자국의 주인공이 단지 먹이인지 적인지 뿐만 아니라 경쟁자인지 동반자인지에 대한, 한마디로 그와 유사한 존재, 즉 인간에 대한 관계를 생각해야만 하는 것이다.

　로빈슨이 혼자일 때는 기술적인 문제나 위생적인 문제, 그리고 - 필요할 경우 - 과학적인 문제만 생각하면 되었다. 이 적대적이고 낯선 세계에서 자신의 생명을 지키는 것만이 문제였다. 하지만 그가 모래 위에서 프라이데이의 발자국을 발견했을 때 윤리적인 문제가 시작되었다. 이제 중요한 문제는 동물이나 식물처럼 자연 속에서 살아남느냐 아니면 소멸되느냐에 그치는 것이 아니다. 이제 그는 인간으로서 사는 것, 즉 다른 인간과 동지 혹은 적으로서 함께 살아가는 일을 시작해야 한다. 서로 이야기를 나누고, 계약을 맺고, 거짓말하고, 존경받거나 경멸당하고, 공동의 일을 위해 조직하고, 함께 놀이하고, 상징을 교환하면서 인간들의 사회에서 함께 살아감으로써 삶은 비로소 인간적이 된다.

　윤리는 더 잘 먹고살 수 있는 방법, 추위를 막는 방법, 익사하지 않고 강을 건너는 방법 등 특수한 상황에서라면 매우 중요한 문제들을 다루지 않는다. 윤리가 관심을 갖는 문제, 윤리의 전문 영역은 인간적인 삶을 사는 방법, 인간들 속에서 멋진 삶을 사는 방법에 대한 것이다. 자연의 위험 속에서 생존하는 방법을 몰라 생명을 잃는 것은 물론 매우 끔찍한 일이다. 하지만 윤리의 문제에 대해 전혀 알지 못하는 사람은 자신의 삶에서 인간적인 것을 상실하거나 낭비하게 된다. 이것도 결코 작은 일이 아니다.

　앞에서 나는 모래 위의 발자국이 로빈슨에게 그와 유사한 존재가 가까이에 있음을 알려 주었다고 이야기했다. 하지만 로빈슨과 프라이데이는 서로 얼마나 다르지? 한 사람은 17세기에 태어난 유럽인으로서 자신이 속한 문화의 가장 진보된 지식을 갖추고 있고, 기독교 교육을 받고 자라났으며, 호메로스의 신화와 인쇄술에 친숙한 사람이다. 다른 한 사람은 남태평양의 야만적인 식인종으로서 부족에 전해 오는 구전문화 속에서 자라나, 폴리네시아의 종교를 믿으며, 런던이나 암스테르담 같은 당시의 대도시에 대해서는 전혀 알지 못한다.

이 두 사람은 피부색, 식생활, 여가 생활 등 거의 모든 점에서 서로 다르다. 이들이 밤에 꾸는 꿈조차 전혀 공통점이 없을 것임에 분명하다. 하지만 이 모든 차이에도 불구하고 이 두 사람은 섬 안의 어떤 동물이나 나무, 샘물과도 다른 근본적으로 유사한 특징을 공유하고 있다.

이들에게 세계는 순수한 이름 없는 사물이 아니라 상징과 관계로 이루어져 있다. 그리고 로빈슨과 프라이데이는 모두 행동을 평가할 능력이 있으며, 인간이 '선한' 일과 '악한' 일을 할 수 있다는 사실을 알고 있다. 이 두 사람이 각각 '선'과 '악'이라고 여기는 것은 첫눈에는 별로 유사하지 않을 수도 있다. 이에 대한 구체적인 평가가 매우 거리가 먼 문화권에서 생겨난 것이기 때문이다. 가까운 예로 식인 풍습은 프라이데이가 볼 때는 이해할 수 있고 인정할 수 있는 관습이겠지만 로빈슨에게는 - 비록 네가 먹보이기는 하지만 너 역시 로빈슨과 마찬가지이리라고 믿는다 - 가장 끔찍한 일일 것이다. 하지만 받아들일 수 있는 것과 끔찍한 일을 구분하여 평가하는 기준이 있다는 점에서 이 두 사람은 일치점을 가진다. 이들이 토론을 벌이는 출발점과 관점은 매우 다를 수 있다. 하지만 이들은 토론을 벌일 수 있고 또 무엇에 대해 토론하는지를 이해할 수 있다. 이것은 상어나 돌에 대해 사람들이 일반적으로 할 수 있는 것과는 매우 다른 그 어떤 것이다. 그렇지 않니?

너는 이렇게 말할지도 모르겠다. "다 좋은 이야기예요. 하지만 분명한 사실은 이 두 사람의 커다란 유사성에도 불구하고 이들에게 어떤 행동이 가장 좋은지가 불확실하다는 거예요." 인정한다. 로빈슨이 발견한 발자국이 그를 삶아 먹으려 하는 식인종의 것이라면 이방인에 대한 그의 행동은 그를 구원해 주기 위해 온 선원의 행동과는 전혀 다르겠지. 그 다른 인간이 나와 유사하기 때문에 그는 내게 짐승이나 지진보다도 더 위험할 수 있다. 정확한 계획을 세워 덫을 놓거나 수천 가지 방법으로 나를 속이는 지능적인 적보다 더 고약한 것은 없을 게다. 따라서 그럴 가능성이 있는 그를 적으로 여기고 그보다 앞서 폭력이나 계교로 그를 먼저 해치우는 것이 나을지도 모른다.

하지만 이러한 행동은 언뜻 보기와는 달리 그리 현명한 것이 못된다. 내가 다른 인간들에 대해 적대적인 태도를 취하면 그가 나의 적이 될 가능성이 그만큼 높아지리라는 것은 두말할 필요 없이 자명한 사실이기 때문이다. 게다가 그가 원래 내게 호의를 보일 자세가 되어 있었다면 그것을 얻어 내거나 유지할 기회를 날려 버리고 말 것이기 때문이다.

사기꾼, 도둑, 배신자, 살인자도 모두 내게 필요한 존재

위험한 인간에 대해 어떤 태도를 취할 수 있는지를 생각해 보자. 마르쿠스 아우렐리우스라는 로마의 황제이자 철학자가 있었다. 매우 드문 경우라고 할 수 있지. 지배자는 대체로 명백히 실질적인 일에만 관심을 가지는 법이니까. 이 황제는 스스로에게 충고를 하거나 심지어 욕설을 퍼붓는 자신과의 대화록을 글로 적어 남겼다. 흔히 그는 다음과 같은 방식으로 글을 기록했지. (이 인용문은 책이 아니라 내 기억에 의존한 것이니 글자 그대로 받아들이지는 말기 바란다.) "아침에 자리에서 일어나면 오늘 중에 사기꾼, 도둑, 배신자, 살인자를 만나게 되리라고 마음먹어라. 그리고 그들을 인간으로서 대우하라. 왜냐하면 그들은 너 자신과 마찬가지로 인간적이고, 위턱과 아래턱의 관계와 마찬가지로 네게 없어서는 안 될 존재들이기 때문이다."

마르쿠스 아우렐리우스 황제가 볼 때 우리에게 중요한 것은 그들의 행동이 우리에게 적합한지 그렇지 않은지가 아니라 그들이 인간으로서 우리에게 어울리는 존재이며 그들과 관계할 때 이 사실을 결코 잊어서는 안 된다는 점이다. 그들이 아무리 악하다고 할지라도 그들의 인간적인 본성은 우리의 본성과 일치하며 우리의 본성을 강화해 준다. 우리는 다른 인간이 없더라도 살아갈 수는 있겠지만, 인간적으로 살아가지는 못할 것이다. 내가 비록 틀니를 끼고 있고, 두세 개의 충치가 있기는 하지만, 음식을 잘 먹으려면 위턱을 받쳐 주는 아래턱이 있는 게 나은 것처럼 말이다.

지성, 계산과 계획 능력, 열정과 불안 등 우리가 공유하는 유사성은 다른 인간들을 위험한 존재로 만들기도 하지만 동시에 우리에게 매우 유익한 존재로 만들 수도 있는 것이다. 인간보다 더 내게 잘 어울리는 것은 없다. 너한테는 **사랑받는 것**보다 더 좋은 일이 있니? 우리 인간이 사랑받을 때 공짜로 얻는 것의 절반에 지나지 않는 것을 얻어 내려고, 사람들은 그렇게 돈, 권력, 특권을 열망하는 게 아닐까? 그리고 나와 똑같은 존재가 **내가 인간이기 때문에**, 혹은 내가 인간인데도 나를 사랑하지 않는다면 누가 진정으로 나를 사랑할 수 있겠니? 아무리 우아한 동물도 인간보다 더 많은 것을 나한테 줄 수는 없다. 심지어 무뚝뚝한 인간이라고 할지라도 그렇다.

물론 인간은 어떤 경우에도 인간을 조심스럽게 대우해야 한다. 하지만 이러한 '조심'은 불신이나 악의 때문이 아니라 상처받기 쉬운 대상에 대한 배려 때문이다. 인간은 결코 단순하지 않으므로 세상에서 가장 상처받기 쉽다. 다른 인간에 대한 존중과 우정에서 나온 유대는, 그들과 같은 인간으로서 인간들과 관계를 맺고 사는 내게 세상에서 가장 아름다운 것이다. 따라서 내 가장 중요한 관심사는 그 유대 관계를 보호하고 가꾸어 나가는 데 있다. 자신의 신체를 보호해야 하는 경우에도 이 중요한 문제를 완전히 잊어서는 안 될 것이다.

황제이자 철학자로서 결코 미성숙하지 않았던 마르쿠스 아우렐리우스는 네가 알고 있는 것처럼 사람들이 도둑질하고, 속이고, 죽인다는 것을 잘 알고 있었다. 물론 그는 주변 사람들과 잘 지내려면 그들과 유사한 태도를 취해야만 한다고 생각하지 않았다. 하지만 그는 내게도 매우 중요하게 보이는 두 가지 사실을 분명히 인식하고 있었다.

첫째로, 도둑질하고, 속이고, 배신하고, 강간하고, 죽이고, 다른 사람들을 착취하는 사람이라 할지라도 그것으로 **인간**임을 그만두는 것은 아니라는 사실이다. 이런 의미에서 일반적으로 사람들이 흔히 그러듯이 "그는 도둑이야", "저 여자는 거짓말쟁이야", "저 사람은 범죄자야"라고 말하는 건 그가 인간이라는 것, 비록 그가 권할 만한 행동을 하지는 않았지만 그것으로 인간이기를 그만둔 것은 아님을 어느 정도 잊게 만든다는 점에서 문제가 있다. 끔찍한 일을 저지른 사람도 계속 인간이기 때문에 다시금 우리에게 가장 적합한 사람, 없어서는 안 될 사람이 될 수 있다.

둘째로, 인간의 가장 중요한 특징 중 하나는 **모방** 능력이다. 우리의 행동과 취미는 대부분 다른 사람들을 모방한 것이다. 그 덕분에 우리는 교육을 받을 수 있고, 다른 사람들이 지난 시대에 먼 지역에서 이룩한 성과들을 끊임없이 우리 것으로 만들 수 있다. 우리가 '문화' 혹은 '문명'이라고 부르는 모든 것 속에는 약간의 발명과 많은 모방이 들어 있다. 우리에게 모방의 능력이 없었다면 인간은 항상 무에서 새로 시작해야만 했을 것이다. 따라서 우리가 주변 사람들에게 보여 주는 모방의 **예**는 매우 중요하다. 대부분의 경우 그들은 대우받은 대로 우리를 대우한다. 우리가 적의의 씨를 마구 뿌린다면 (비록 이것이 은밀히 이루어진다 하더라도) 더 큰 적의보다 나은 어떤 것을 거둬들이기는 불가능할 게다. 물론 사람들이 모범적인 예를 많이 보인다 하더라도 다른 사람들은 나쁜 예를 많이 따른다는 사실을 나는 잘 알고 있다. 악당들은 눈앞의 이익을 쉽게 얻는데, 모범적인 예를 보이는 사람들이 그런 이익을 포기하고 그토록 많은 수고를 하는 이유는 뭘까? 마르쿠스 아우렐리우스는 이렇게 대답할 것이다. "아무런 긍정적인 결과도 기대할 수 없는, 이미 너무 많은 악의 수를 늘리고, 반면에 네 삶을 좀 더 멋지게 만들어 줄 소수의 선한 사람들에게서 용기를 빼앗는 것이 네게는 더 현명한 일로 보이는가? 네 밭을 망쳐 놓을 수 있는 잡초가 아니라 네가 거둬들이기를 원하는 곡물의 씨를 뿌리는 것이 논리적인 일이 아니겠는가? 이성의 이점을 옹호하고 보여 주는 대신에 날뛰며 돌아다니는 미친 사람들처럼 미친 짓을 하고 싶은가?"

최선을 다해 다른 사람을 행복하게 만들기

다른 사람들의 우정을 구하지 않고, 그들을 적으로 취급하는 이른바 '악한' 사람들의 행동을 연구해 보자. 보리스 카를로프가 괴물로 나오는 영화 「프랑켄슈타인」을 기억하고 있겠지? 네가 아직 어릴 때 우리는 함께 TV에서 방영하는 그 영화를 볼 기회가 있었단다. 당시에 네가 그토록 귀여운 솔직함을 보이며 "아빠, 너무 무서운 것 같아요"라고 말해서 내가 TV를 껐지. 이 영화의 원작인 메리 셸리의 소설에 보면, 시체를 가지고 만들어 낸 이 피조물이 그를 만든 것을 후회하고 있는 창조자에게 이렇게 말하는 장면이 나온다. "고통이 나를 사람들의 적으로 만들었다."

이 세계에서 날뛰는 이른바 '악당'들의 대부분은 같은 말을 할 것이라고 나는 생각한다. 그들이 다른 사람들에게 적대적이고 잔인하게 행동하는 이유는 불안과 고독 때문이거나 자신이 다른 사람들보다 가진 것이 적다고 느끼기 때문이거나 혹은 대부분의 사람들이 자신을 사랑과 존중으로 대해 주지 않는 가장 커다란 불행을 겪고 있기 때문이다. 불쌍한 피조물 프랑켄슈타인이 바로 그런 경우라고 할 수 있지. 장님과 어린 소녀, 그 두 사람 외에는 아무도 그에게 친절하게 대해 주지 않았거든.

나는 순수한 행복을 누리는 악한 사람이나, 기쁨에 차서 이웃을 괴롭히는 사람을 단 한 명도 본 적이 없다. 기껏해야 자신의 주변에서 얼마든지 볼 수 있으며, 거기에 그 자신도 어느 정도 책임이 있는 고통에 대해 알려고 하지 않고 자기만족에 빠져 있는 많은 사람들이 있을 뿐이다. 하지만 비록 그처럼 자기만족을 느낄지라도, 다른 사람의 고통에 무심한 것은 또한 일종의 불행이다.

한마디로 행복하고 기쁠수록 악하게 되고 싶은 생각은 줄어든다. 따라서 다른 사람들을 불행하게 만들어 악의 충동을 일으키는 것보다 최선을 다해 다른 사람들을 행복하게 만드는 편이 올바른 생각 아닐까? 다른 사람의 불행에 일정 부분 책임이 있다거나 혹은 그 불행을 덜어 주기 위한 일을 전혀 안 하는 사람은 잘못을 저지르고 있는 것이다. 그런 사람은 악이 만연해 있는 세상에 대해 한탄할 자격이 없다.

얼핏 보기에는 다른 사람들을 적이나 먹잇감으로 취급하는 것이 나에게 더 이익이 되는 듯 보인다. 세상은 다른 사람들의 선의나 심지어 불행에서도 자신의 이익만을 얻어 내려 하는 사람들, 자신이 대단히 영악하다고 생각하는 비뚤어진 사람들과 뻔뻔스러운 사람들로 가득 차 있다. 하지만 내게는 그들이 스스로 생각하는 것처럼 그렇게 영리한 사람으로 보이지 않는다. 우리가 다른 사람들로부터 얻을 수 있는 가장 커다란 이익은 더 많은 물건들을 소유하는 것이 아니라(혹은 물건이나 도구처럼 취급되는 더 많은 사람들을 지배하는 것이 아니라), 더 많은 자유로운 존재들에 참여해 애정을 나누는 것이다. 다시 말해 인간됨을 확장하고 강화하는 것이다.

스스로를 가장 영리하다고 생각하는 사기꾼은 "그래서 그게 도대체 무슨 소용이지?" 하고 물을 테지. 이런 물음에 대해 너는 다음과 같이 대답하면 된다. "네가 생각하는 그런 것에는 **소용이** 없지. 소용은 노예들의 일일 뿐이니까. 내가 말한 것은 **자유로운** 존재에 대한 것이거든." 악당들의 문제는 자유가 소용을 위한 것이 아니며 소용을 얻어 내려는 목적도 아니라는 것, 오히려 자유는 함께 나누는 것임을 모른다는 데 있다. 악당들은 노예의 심성을 지니고 있다. 이런 의미에서 그들은 물건을 아무리 많이 소유하고 있다 할지라도 가장 가엾은 사람들이다.

그러면 이제 악당은 몸을 떨면서 사기꾼의 가장 단순한 논리에 의존할 것이다. "내가 다른 사람들에게서 이익을 얻어 내지 않는다면, 그들이 내게서 이익을 얻어 내려 할 텐데?" 이것은 노예인 생쥐와 자유로운 사자의 문제다. 내가 매우 존중하는 이 동물들에게 깊이 머리 숙여 양해의 인사를 올린다.

생쥐와 사자 사이의 첫 번째 차이는 생쥐가 "내게 무슨 일이 일어날 것인가?"라고 묻는 데 반해 사자는 "무엇을 할 것인가?"라고 묻는다는 것이다. 두 번째, 생쥐는 다른 사람들이 그를 사랑한다면 자신도 그들을 사랑하겠다는 조건을 내세우는 반면에 사자는 자기 자신을 사랑하며 이를 통해 다른 사람들을 사랑하는 능력을 배운다. 세 번째 차이는 생쥐는 다른 사람들이 자신에게 적대적인 행동을 하는 것을 방해하려고 먼저 다른 사람들에게 적대적인 행동을 하는 반면에 사자는 그가 다른 사람들의 이익을 위해 하는 모든 행동이 자신에게도 이익이 된다고 생각한다는 것이다.

생쥐가 될 것인가, 사자가 될 것인가, 이것이 문제다! 다른 사람들에게 피해를 입히려는 시도를 통해 가장 먼저 피해를 입게 되는 것은 바로 나 자신이며, 그것도 내게 가장 가치 있는 것이 해를 입게 된다. 또 나는 가장 강할 때 가장 적게 굴복하게 된다. 이는 사자 입장에서 볼 때 매우 명백한 사실이다. 시인 안토니오 마차도라면 "엄청나게 분명한 사실"이라고 말할 것이다.

인간을 인간으로서 대우한다는 것

이제 마침내 직접적인 대답을 미루어 왔던 문제에 대해 대답할 수 있는 순간이 되었다. (간접적으로는 이미 수많은 페이지에 걸쳐 바로 이 문제를 다루어 왔다.) 인간을 인간으로서 대우한다는 건 어떤 의미일까? 그 대답은 그의 처지에 서 보라는 것, 즉 **역지사지하라**는 뜻이다. 누군가를 인간으로서 대우한다는 건 그를 내면으로부터 이해하고, 그의 처지를 넘겨받는 것을 의미한다.

박쥐나 제라늄 꽃에 대해 역지사지하는 건 환상적이고 의심스러운 방법을 통해서만 가능하다. 반면에 너와 나처럼 상징을 수단으로 서로 관계를 맺는 존재에게 이것은 저절로 이루어진다. 왜냐하면 우리가 누군가와 대화를 할 때는 항상 지금 '나'인 사람이 '너'로 변하고, 또 그 반대의 경우가 끊임없이 생겨난다는 것을 누구나 알기 때문이다.

우리 사이에 근본적인 동일성이 존재한다는 사실을 (다른 사람이 나에 대해 가지는 의미를 나도 다른 사람에 대해 가지게 되는 가능성을) 인정하지 않는다면 우리는 한마디의 말도 나눌 수 없을 것이다. 말을 나누는 곳에서는 내가 그 어떤 방식으로 상대방에게 속하며, 상대방도 내게 속한다는 것에 대한 인정이 전제된다. 나는 젊고 상대방은 늙었거나, 나는 남자고 상대방은 여자거나, 나는 백인이고 상대방은 흑인이거나, 나는 둔하고 상대방은 영리하거나, 나는 건강하고 상대방은 병들었거나, 나는 부유하고 상대방은 가난하거나 그 어떤 경우에도 그렇다.

고대 로마의 시인은 "나는 인간이다. 따라서 인간의 그 어떤 것도 내게 낯설지 않다"라고 말한 바 있다. 이 말은 곧, 내가 인간임을 깨닫는 것은 서로 간에 다양한 차이에도 불구하고 다른 인간의 모든 개별적인 특성이 내 안에도 들어 있음을 명확히 인식한다는 뜻이다. 바로 말을 통해서.

물론 다른 사람들과 대화를 나누기 위한 것이 전부는 아니다. 역지사지한다는 말은 상징적 의사소통의 시작, 그 이상의 의미를 지닌다. 더 중요한 건 다른 사람들의 **권리**를 배려하는 것이다. 그리고 이러한 권리가 무엇인지 정확하게 파악하지 못할 경우에는 그들의 행동 동기만이라도 이해해야 한다. 왜냐하면 사람은 누구나 타인에 대해 권리를 갖기 때문이다.

이는 가장 악한 사람의 경우에도 마찬가지다. 그 역시도 다른 사람이 역지사지해서 자신의 행동과 감정을 이해해 주도록 요구할 권리, 즉 **인권**을 지니고 있다. 이것은 모든 사회가 가지고 있는 법률의 이름으로 그를 심판하는 경우에도 마찬가지다. 한마디로 역지사지란 그 사람을 진지하게 받아들이는 것, 그 사람을 너 자신처럼 진정으로 바라보는 태도를 뜻한다.

우리의 친구 케인과 글로스터 공작을 기억하고 있겠지? 그들은 자기 자신을 너무 진지하게 생각하고, 자신의 소망과 야심을 너무 소중하게 여긴 나머지 다른 사람들이 진정한 존재가 아닌 것처럼, 그들이 꼭두각시나 유령인 것처럼 행동했다. 다른 사람들이 자신에게 쓸모 있는 한에서만 그들의 힘을 이용했고, 그들이 소용없으면 내버리거나 죽였다. 케인과 글로스터 공작은 역지사지해 자신의 이익을 상대화하고 다른 사람들의 이익을 고려하는 일에 손톱만큼도 신경을 쓰지 않았다. 그 결과가 어떤 것이었는지는 이미 알고 있겠지.

너 자신의 이익을 인식하는 것이 나쁘다거나, 네 이웃을 위해 너 자신의 이익을 포기하라는 말이 아니다. 너 자신의 이익도 다른 사람의 이익과 마찬가지로 존중해야 한다. 하지만 이익을 뜻하는 단어 'interest'의 의미에 주목하기 바란다. 이 단어의 어원인 라틴어 'inter esse'는 여러 사람 사이에 존재하는 것, 여러 사람을 서로 관계 맺게 함을 뜻한다. 내가 너에게 너 자신의 이익을 상대화하라고 말한 건, 네가 유령들의 세계에서 혼자 살고 있는 게 아니기 때문에 어떠한 이익도 전적으로 네게만 속하지 않는다는 것, 그 이익이 너와 마찬가지로 진정으로 존재하고 있는 다른 사람들의 현실과 너를 관계 맺게 해 준다는 것이었단다.

네가 얻을 수 있는 모든 이익은 다른 사람의 이익, 상황, 네가 살고 있는 사회의 법과 윤리 등이 관련된 상대적인 것이다. 여기서 유일한 예외로서 절대적인 이익이 있다면 그것은 인간들 사이에서 인간으로서 존재하는 것, 다른 사람들을 인간으로서 대우하는 것, 그것 없이는 '멋진 삶'이 불가능한 인간적인 대우를 경험하는 것이다. 그 무엇이 아무리 네 관심을 끈다고 할지라도, 네가 올바르게 관찰한다면, 역지사지의 능력으로 네 이익을 다른 사람들의 이익과 관련지어 바라보는 것보다 더 중요한 관심사는 없을 게다.

역지사지할 수 있으려면 다른 사람의 행동에 깔린 동기를 존중할 뿐만 아니라 그들의 열정과 감정, 그들의 고통, 그들의 동경과 기쁨에 참여할 줄 알아야 한다. 여기서 중요한 건 다른 사람들과 공감하고, 다른 사람들과 하나가 되어 느끼고, 다른 사람의 생각과 소망을 완전히 홀로 내버려 두지 않는 것이다. 우리가 같은 흙으로 빚어졌고, 같은 생각, 같은 열정, 같은 육체를 가지고 있다는 사실을 인정해야 한다. 셰익스피어의 아름답고 심오한 표현처럼 "우리는 꿈을 만든 것과 같은 재료로 빚어졌다". 우리가 이러한 동질성을 가지고 있다는 사실을 깨달아야 한다.

다른 사람이 너와 마찬가지로 실새하는 존재임을 인정하고 그를 진지하게 받아들여 역지사지하라는 말은 다른 사람의 요구와 행동이 항상 옳다고 인정하라는 뜻은 아니다. 또 다른 사람이 너와 마찬가지로 실재하는 존재이고 너와 유사한 존재라는 말은 너와 다른 사람이 **동일함**을 뜻하지도 않는다. 유머가 풍부한 극작가 조지 버나드 쇼는 이렇게 말한 바 있다. "사람들이 네게 해 주었으면 하고 바라는 것을 **다른 어떤 사람에게도 행하지 말라**. 취향은 가지각색이니까."

우리 인간들이 서로 유사하다는 것은 의심의 여지없이 분명한 사실이다. 그리고 우리 모두가 평등하다면 (태어날 때 그리고 그 이후에는 법 앞에서) 얼마나 좋은 일이겠니. 하지만 우리 인간은 결코 동일하지 않고, 또 반드시 그래야 할 이유도 없다. 만일 그렇다면 얼마나 지루하고 고통스러운 일이겠니!

역지사지하라는 말은 객관적이 되라는 것, 다른 사람의 관점에서 사태를 보라는 뜻이지, 그를 옆으로 밀어내고 그 사람의 자리를 차지하라는 말이 아니다. 다시 말해 그 사람은 계속 그 사람이고 너는 계속해서 너로 남아 있어야 한다. 인간의 권리 중에서 으뜸은 다른 사람의 복사물이 아니라 유일한 존재가 되는 것이다. 이 '유일성'이 직접적이고도 명백하게 다른 사람에게 해를 끼치는 경우만 아니라면 어느 누구도 그가 유일한 존재가 되기 위해 최선을 다하는 것을 막을 권리가 없다.

위에서 나는 '권리'라는 말을 사용했다. 그리고 앞에서도 이 말을 쓴 적이 있지. 그 이유를 알고 있니? 역지사지하는 매우 어려운 일은 오래 전부터 **정의**라고 불려 온 것과 밀접한 관련을 갖기 때문이다. 멋진 삶을 원한다면 우리 각자는 다른 사람들이 우리에게 요구할 수 있는 것을 이해하는 데 많은 능력과 노력을 쏟아야만 한다.

법률과 재판관은 인간이 사회 안에서 함께 사는 다른 인간들에게 정당한 권리를 가지고 요구할 수 있는 최소한의 것을 의무로서 규정하고 있다. 하지만 이것은 그야말로 최소한에 불과하다. 우리가 취하는 행동이 합법적인 것일지라도, 그래서 아무도 우리를 처벌하거나 감옥에 보내지 않는다 할지라도 그것이 근본적으로는 부당한 경우가 종종 있다. 명문화된 법은 다른 사람들이 국가나 법관이 아닌 바로 네게 기대할 수 있는 것들을 줄여 놓고 단순화한 데 불과하며 대부분의 경우 완전하지도 못하다. 삶은 너무 복잡하고 미묘할 뿐 아니라 우리 인간과 우리가 처한 상황은 너무 다양하고 개별적이어서 법전이 이 모든 것을 포괄하기는 불가능하다.

그 누구도 네 자유를 대신 행사해 줄 수 없다. 이와 마찬가지로 멋진 삶을 살기 위해 필요한 것을 네가 깨닫지 못한다면 그 누구도 너 대신 정의를 판단해 줄 수 없다. 다른 사람들이 네게 기대하는 것을 이해하기 위해서는 그들을 다소나마 사랑하는 방법 외에 다른 도리가 없다. 우리가 그래야 하는 이유는 바로 그 다른 사람이 우리와 같은 인간이기 때문이다. 이 작지만 지극히 중요한 사랑을 어떤 법도 강제할 수는 없다. 멋진 삶을 살려면 정의를 공감할 수 있는 능력을 가져야만 한다.

아이고, 이 장도 또 이렇게 길어지고 말았구나! 하지만 이 장에서 이야기한 것이 인간에게 가장 중요한 문제라는 말로 용서를 구하고자 한다. 이 장의 마지막 몇 페이지에서 나는 윤리의 근본에 대해 설명하려 했단다. 네가 지치지 않았다면 다음 장으로 나아가기 전에 이 페이지들을 다시 한번 읽어 보라고 권하고 싶구나. 너무 피곤해서 읽지 않는다면 그래도 괜찮다. 너를 위해 역지사지하지 뭐!

『유토피아』의 판본 중 일부

곤궁에 처한 사람을 있는 힘을 다해 도와주고, 다른 사람에게 안녕과 위로를 선사하는 일을 인간성의 이름으로 찬양할 것을 명하지 않으면서 노고와 불면과 결핍만을 강요하는 음울하고 가혹한 덕의 추종자, 기쁨의 적대자는 일찍이 존재한 적이 없다. 다른 그 어떤 덕보다도 인간에게 소중한 덕인 참된 인간성은 다른 사람의 고통과 근심을 덜어 줌으로써 그들의 삶에 기쁨과 즐거움을 선물하는 것에 있다. 그렇다면 자연이 모든 인간에게 스스로에게도 똑같은 일을 하도록 요구하지 않을 이유가 어디 있겠는가?

_토머스 모어, 『유토피아』

어느 화창한 날 정오 무렵, 다시 배가 있는 쪽으로 걸음을 옮겼을 때 나는 해변의 모래 위에서 인간의 뚜렷한 발자국을 발견했다. 나는 소스라치게 놀랐다. 벼락을 맞은 듯이 그 자리에 멈춰 섰다. 유령이 나타난 것만 같았다. 사방을 둘러보았지만 아무 소리도 들리지 않았고 아무것도 보이지 않았다.

_다니엘 디포, 『로빈슨 크루소』

모든 참된 삶은 만남이다.

_마틴 부버, 『나와 너』

모든 유대 중에서도 가장 강력한 유대인 '공동의 운명'을 통해 다른 사람과 하나가 되는 것을 체험한 자유로운 인간은, 매일매일 주어지는 과제를 넘치는 사랑의 빛으로 감싸 주는 새로운 비전을 발견하게 된다. 인간의 삶은 보이지 않는 적들에게 둘러싸여 피로와 불안에 고통받으며 밤길을 헤쳐 나가는 긴 행군과도 같다. 소수의 사람만이 목적지에 도달하는 기쁨을 누릴 수 있으며 그것도 짧은 순간만 주어진다. 그렇게 행군하는 동안 저 강력한 죽음의 엄격한 명령에 따라 동료들이 하나씩 시야에서 사라져 간다. 행복과 불행이 결정되는 상황에서 우리가 그들을 도울 수 있는 시간은 얼마 되지 않는다. 그들의 길을 밝혀 주고, 연민의 묘약으로 그들의 고통을 덜어 주고, 그들에게 무한한 사랑의 순수한 기쁨을 선물하고, 약해지는 용기를 다시 불러일으켜 주고, 절망의 시간에 새로운 믿음을 일깨워 주는 것이 그대 삶의 몫이 되게 하라.

_버트런드 러셀, 『자유로운 인간이 존중하는 것』

섹스, 1 더하기 1을 배우는 것만큼 자연스러운 일

네 친구가 '공공장소에서 비윤리적 행위'를 저질러 경찰에 잡혀 갔다는 이야기를 들었다고 생각해 보자. 여기서 말하는 '비윤리적 행위'가 빨간 불일 때 길을 건넜다거나 길거리에서 살인 모의를 했다거나 하는 것이 아니라는 점은 분명하다. 혹은 거리가 혼잡한 틈을 타 서류 가방을 훔친 일도 아닐 게다. 아마도 네 (남자) 친구가 길거리를 지나는 아름다운 여자의 엉덩이를 만졌다거나, 혹은 네 (여자) 친구가 술을 몇 잔 마시고 큰길에서 자신의 벗은 몸매가 마돈나나 비욘세 못지않다는 것을 과시한 그런 일이었을 가능성이 매우 높겠지.

그리고 이른바 '존경받는' - 그 밖의 다른 사람들은 그럴 자격이 없기라도 한 것처럼 - 인사들이 이런저런 영화들에 대해 '비도덕적'

이라고 말하는 경우, 화면에 살인 장면이 나온다거나 영화 속 인물들이 깨끗하지 못한 방법으로 돈을 번다거나 하는 일을 뜻하는 것이 결코 아니라, 그러니까 그들이 말하고자 하는 것은… 그래, 너는 이미 무슨 뜻인지 잘 알고 있을 게다.

사람들이 도덕에 대해 이야기할 때, 특히 어떤 것이 비도덕적이라고 이야기할 때 80퍼센트는 – 이 정도도 너무 적게 잡은 것이리라고 확신하지만 – 성적인 것과 관련된다. 어떤 사람들은 도덕이란 무엇보다도 인간이 생식기를 사용하는 문제를 판단하는 것이라고 믿고 있다. 이보다 더 어리석은 생각은 없다. 아마 너는 이 책에서 내가 한 말들에 큰 존경심을 느끼지 않았겠지만 지금 하고 있는 이야기에 대해서는 결코 헛소리라고 생각하지 않으리라 믿는다.

성은 그 자체로서는 결코 비도덕적인 것이 아니며 식사나 산책과 마찬가지로 자연스러운 일이다. 물론 성적으로 부도덕한 행위도 있다. 예를 들어 다른 사람의 빵을 뺏는다거나, 산책로에서의 테러 계획을 세우는 일처럼 성적으로도 해를 입히는 경우가 있지. 성적인 관계는 사람들을 매우 강력한 유대 관계로 묶어 주고 또 미묘한 감정으로 엮어 주기 때문에 성적인 문제에서 상대방을 충분히 배려하는 것은 매우 중요하다. 내가 말하고자 하는 바는 두 사람이 서로 즐거움을 누리고 아무런 해를 끼치지 않는다면 그것은 결코 나쁜 일이 아니라는 뜻이다. 즐거움을 누리는 일에 나쁜 어떤 것이 있다고 믿는 사람이야말로 오히려 정말로 '나쁘다'.

사람들이 흔히 (체념하는 투로) 말하듯이 인간은 육체를 '가지고' 있

160

는 것이 아니라 바로 육체 자체다. 육체적 만족과 기쁨이 없는 멋진 삶은 있을 수 없다. 육체의 힘과 즐거움을 느끼는 것을 부끄러워하는 사람은 1 더하기 1을 배우는 것을 부끄러워하는 사람과 마찬가지로 어리석은 사람이다.

성의 가장 중요한 기능은 물론 종의 번식이다. 내 아들인 네게 굳이 이것을 길게 설명할 필요는 없을 것이다. 바로 여기에 우리가 성을 가볍게 생각해서는 안 되는 이유가 있다. 이것이 몇 가지 윤리적 의무를 부과한다는 것은 의심할 바 없이 분명한 사실이다. 자유의 불가피한 반대 측면인 **책임**에 대해 이야기했던 장을 다시 읽어 보기 바란다.

하지만 성적 체험이 오로지 종족 번식의 기능에 국한되는 것은 아니다. 인간에게는 종족을 보존하도록 자연이 마련해 준 특성이 생물학적인 것에 그치지 않는, 좀 더 광범위한 차원을 지니고 있다. 인간에게는 상징과 세련됨, 그리고 자유가 덧붙여 주어져 있다. 이것들이 없었다면 우리는 인간이 될 수 없었을 게다. 성을 '나쁜 것' 혹은 적어도 '더러운 것'이라고 생각하는 사람들이 있다. 그들은 성적인 즐거움을 누리는 일이 인간을 동물로 만든다고 주장한다. 이것은 모순이 아닐 수 없다.

동물들은 몸을 보존하기 위해 먹고 움직이며 성도 오로지 번식을 위해서만 사용한다. 반면에 우리 인간은 성 문화, 요리 문화, 스포츠 문화를 만들어 냈다. 사슴이나 해초의 경우와 마찬가지로 우리 인간에게도 성은 종족 보존의 수단이다. 하지만 인간에게서는 이것이 사슴이나 해초가 알지 못하는 서정시, 결혼 제도 등과 같은 다른 많은 효과를 만들어 냈다. (이것이 다행인지 불행인지는 모르겠다.) 성이 단순한 종족 보존의 기능과 분리될수록 그만큼 더 우리는 비동물적이 되고 인간적이 된다. 물론 이것은 자유로운 우리 인간에게 – 항상 그렇듯이 – 좋은 결과도 나쁜 결과도 가져다줄 수 있다. 이 문제에 대해서는 이 책의 거의 첫 부분에서부터 이야기한 바 있다.

성의 비도덕성에 대한 그 모든 격심한 분노의 배경에는 인간의 아주 오래된 불안, 즐거움에 대한 불안이 숨어 있다. 특히 성의 즐거움은 인간이 느낄 수 있는 가장 강렬하고 생생한 것이기 때문에 그만큼 더 많은 불신과 심한 경계의 눈초리를 받는다. 왜 즐거움이 불안을 느끼게 할까? 내가 추측하기에는 그것이 우리 마음을 너무 강렬하게 사로잡기 때문인 듯하다.

오랜 역사가 흐르는 동안 인간 사회는 그 구성원들이 서로 몸을 비비며 느끼는 순수한 성적 즐거움에 빠져 노동, 미래에 대한 대비, 공동체의 방어를 잊어버리지 않도록 점점 더 힘을 쏟아 왔다. 실제로 인간이 즐거움을 누릴 때만큼 삶에 만족감을 느끼고 삶과 조화를 이루는 때도 없을 것이다. 하지만 그 때문에 그 밖의 다른 모든 것을 잊어버리면 오래 살아갈 수 없게 된다. 어느 시대, 어느 순간이나 인간의 삶은 매우 위험한 놀이다. 이것은 수천 년 전 모닥불 주위에 모여 앉아 있던 목동들로부터, 신문을 사기 위해 도로를 건너야 하는 우리들에 이르기까지 모두 해당되는 사실이다.

즐거움은 때로 우리를 너무 한쪽으로 치우치게 해서 치명적인 불행을 불러올 수 있다. 이 때문에 즐거움에는 항상 금기나 제한이 따라붙으며 조심스럽게 정해진 몫에 따라 특정한 시간에만 누리는 것이 허용된다. 이런 것들은 우리가 삶의 위험에 빠져들지 않도록 하기 위한 사회적인 (때로는 필요가 없게 된 경우에도 여전히 효력을 발휘하는) 예방 조치라고 할 수 있다.

오늘을 즐겨라, 오늘의 즐거움을 모두 찾아라!

세상에는 다른 사람들이 삶을 즐기지 못하도록 하는 데에서 즐거움을 찾는 사람들이 있다. 이런 사람들은 즐거움이 너무 커서 저항할 수 없게 되는 상황이 올지도 몰라 불안해한다. 이들은 어느 날 실제로 육체적 즐거움을 누리게 될 것에 대한 두려움 때문에 즐거움에 대한 전문적인 비판자로 변신한다. 이들은 섹스는 이러이러하고, 먹고 마시는 것은 저러저러하며, 놀이는 그러그러하다고 단정하면서 웃음과 파티에 질렸다고 말한다. 이 세상에 슬픈 일이 이리도 많은데 말이다. 그런 사람들의 말에 귀 기울이지 말기를 바란다. 이 세상의 어떤 일도 나쁘게 느껴질 수 있고, 또 우리를 나쁜 일로 이끄는 경우가 있다. 하지만 **그 어떤 것도 단지 그것이 즐거움을 주기 때문에 나쁜 일이란 없다.** 즐거움에 대한 전문적인 비판자들을 '청교도'라고 부른다. 청교도가 어떤 사람인지 알고 있니? 바로 우리 마음에 들지 않는 것에서 선을 인식해야 한다고 주장하는 사람들, 고통을 기쁨보다 더 높이 평가하는 사람들이다. (하지만 실제로는 고통보다 즐거움이 인간에게 더 많은 능률과 공헌을 가져다주는 법이다.) 청교도들에게서 가장 고약한 점은, 사람들이 즐겁게 살면 잘못되어 가고 있는 것이고 잘못되어 가면 즐겁게 살기 때문이라고 생각하는 것이다. 당연히 이들은 자신들이 세상에서 가장 도덕적이라고 믿는다. 게다가 이들은 이웃 사람들의 도덕에 대한 감시자로 자처한다. 내가 과장하는 습관이 있긴 하지만, 지나치게 과장해서 말하고 싶지는 않다. 네게 분명히 말해 두지만 수치심을 모르는 너희 또래가 공인된 청교도보다 더 '윤리적'이고, 더 '도덕적'이다.

지금 내가 이야기하려고 하는 한 여자의 경우가 청교도들의 전형적인 모델이라고 할 수 있다. 한 여자가 경찰을 불러 아이들이 자기 집 앞에서 벌거벗은 채 놀고 있다고 신고했다. 경찰은 그 아이들을 멀리 쫓아 보냈다. 그런데 그 여자는 다시 경찰을 불러 아이들이 아직도 저 건너편에서 벗은 채로 놀고 있다고 항의했다. 이 일이야말로 스캔들이라면서 말이다. 경찰이 다시 와서 아이들을 쫓아 보냈다. 그런데도 그 여자는 계속 항의했다. 경찰이 말했지. "하지만 아이들을 이곳에서 천오백 미터가 넘는 곳으로 쫓아 보냈는데요!" 그 청교도 여자가 '도덕적'으로 분개하면서 대답하기를, "예, 예, 물론 그래요. 하지만 망원경으로는 여전히 그 애들이 보이거든요!"

나는 청교도주의야말로 참된 윤리에 가장 반대되는 태도라고 생각한다. 따라서 네가 나한테서 즐거움을 비판하는 말을 듣게 되는 일은 결코 없을 것이다. 그리고 네가 즐거움을 누리는 일에 대해 (아주 조금이나마) 부끄러움을 느끼게 되기를 바라는 일도 결코 없을 테지. 오히려 나는 프랑스의 현인 미셸 드 몽테뉴가 말했던 충고를 네게 다시 들려주고 싶다. 몽테뉴의 글은 언젠가 한번쯤 읽어 보기 바란다. "해가 갈수록 우리의 손에서 빠져나가는 삶의 기쁨과 향락을 이빨과 손톱으로 붙잡아라."

몽테뉴의 이 금언에서 두 가지 점을 강조하고 싶다. 우선, 세월이 우리에게서 즐거움의 가능성을 끊임없이 빼앗아가기 때문에 너무 오랫동안 결정을 미루고 즐거움의 가능성을 미뤄 두는 것은 현명하지 못하다. 너무 오래 망설이면 결국 기회를 놓쳐 버리게 된다. 사람은 오늘의 즐거움을 누리는 데 모든 힘을 쏟아야 한다. 로마인들은 (그리고 「죽은 시인의 사회」에 나오는 시인 선생님도) 이것을 "오늘을 즐겨라carpe diem"라는 금언으로 요약한 바 있다. 하지만 이 말은 모든 즐거움을 오늘 찾으라는 것이 아니고 오늘의 즐거움을 모두 찾으라는 뜻이다.

오늘의 즐거움을 망쳐 버리는 가장 확실한 방법은 매순간 모든 것을 얻으려 하고 수많은 불가능한 만족을 한꺼번에 누리려고 하는 것이다. 부적절한 즐거움을 얻기 위해 한순간에 억지로 매달려서 자신을 끊임없이 괴롭히지 말고, 주어진 모든 것에서 가장 작은 즐거움을 얻으려고 노력해라. 지금 이 자리에 없는 햄버거를 얻기 위해 눈앞의 달걀부침을 식게 내버려 두지 말고, 케첩이 없다고 손에 든 햄버거를 내버리지 말라는 뜻이다. 네게 즐거움을 주는 것들은 달걀이나 햄버거, 소스가 아니라 네 주위 어디에나 널려 있음을 명심하기 바란다.

육체적 만족과 기쁨이 없는 삶은
멋진 삶이 아니다.

서로 즐거움을 누리고 아무런 해를 끼치지
않는다면 그것은 결코 나쁜 일이 아니다.

넌 네가
길들인 것에 대해
언제까지나 책임을 져야
하는 거야.

'오늘을 즐겨라!'

모든 즐거움을 오늘 찾으라는 말이 아니고
오늘의 즐거움을 모두 찾으라는 것!

즐거움을 누리는 기술

앞서 언급한 몽테뉴의 글로 되돌아가자. 이빨과 손톱으로 굳세게 "삶의 기쁨과 향락을 붙잡으라"는 말은 그 즐거움이 자신에게 봉사하도록 하라, 즉 그 즐거움을 잘 다스려서 그것이 네 삶의 다른 부분에 손해가 되지 않도록 하라는 뜻이다. 에서의 콩죽 이야기로 인생의 복잡함을 설명하면서, 멋진 삶을 살려면 인생을 지나치게 단순화해서는 안 된다고 말했던 것을 기억하고 있겠지. 즐거움은 매우 좋은 것이지만, 우리를 그 안에 지나치게 빠져들게 만드는 좋지 못한 경향도 있다. 네가 너무 빠져들면 그것은 오히려 네게서 빠져나가 너한테 아무것도 남기지 않는다. 몽테뉴가 말했듯이 즐거움을 누린다는 건 그 즐거움들 중 하나가 네게서 다른 모든 즐거움의 가능성을 빼앗아 가지 않도록 하는 것, 모든 즐거움이 각각 자신의 자리를 차지하고 있는 결코 단순하지 않은 인생에서 그 어떤 즐거움도 인생과의 연관성을 완전히 잃어버리지 않도록 하라는 뜻이다.

즐거움을 누리는 것과 남용하는 것 사이의 차이는 다음과 같다. 즐거움을 **누릴 때** 네 인생은 풍요로워지고 매번 그 즐거움이 너와 네 삶을 더 기쁘게 한다. 반면에 즐거움을 **남용할 때** 그 즐거움은 네 삶을 더 가난하게 만들고, 즐거움이 풍요로운 삶의 한 요소가 아니라 삶에서 달아나 숨는 도피처가 되고 만다.

우리는 때로 "즐거워 죽겠어"라고 말한다. 이것이 그저 비유적인 표현인 경우에는 아무런 문제가 되지 않는다. 강렬한 즐거움의 긍정적인 효과는, 우리가 항상 몸에 걸치고 다녀야 하지만 우리를 보호하기보다는 오히려 성가시게 하는 관행, 불안, 일상성 등과 같은 갑옷을 깨 버리는 데 있다. 일상적 관습의 관점에서는 이 갑옷을 잃어버리면 "죽을" 것처럼 보인다. 하지만 이를 통해 우리는 더욱 강력한 활동력을 지니고 새로 태어난다. 바로 이 때문에 (이 문제에 관한 섬세한 전문가들인) 프랑스 사람들은 오르가슴을 '작은 죽음la petite mort'이라고 부른단다. 여기서 '죽음'은 우리의 감수성을 더 풍성하게 만들고 우리의 삶을 섬세한, 혹은 거친 정열로 채워 주어 우리가 더 오래, 더 멋지게 살도록 해 주는 것을 뜻한다.

하지만 다른 경우에는 성적 즐거움을 누리는 일이 단어의 원래 의미 그대로 우리를 죽일 수 있다. 그것은 우리의 건강과 육체를 해쳐 우리를 죽음에 이르게 하거나, 삶의 중요한 부분을 이루고 있는 다른 사람이나 다른 일에 대한 배려를 잊게 만들어 우리의 인간성을 죽임으로써 우리를 황폐하게 만든다.

물론 우리의 생명을 걸 만한 가치를 지닌 즐거움이 있다는 사실을 나는 결코 부인하지 않는다. 그러나 '자기 보존 본능'은 매우 중요한 것이기는 해도 결국 본능일 뿐이다. 인간의 삶에는 본능 이상의 것이 있다. 그렇지 않다면 성의 문제가 우리를 이토록 매혹하지 않았을 것이다.

의사나 전문적 겁쟁이들의 관점에서 보면 어떤 종류의 즐거움은 우리를 해악과 위험에 빠뜨린다. 의학적 관점에 대해 잘 알지 못하는 우리로서는 이들의 말에 존중할 만한 이성적인 내용이 들어 있다는 것을 어느 정도 인정해야 하겠지만, 나는 이들이 너무 한쪽 면만 본다고 생각한다. 그럼에도 나는 '해악'과 '위험'으로 우리를 매혹하는 모든 즐거움을 불신한다. '즐거워서 죽겠다'는 말은 즐거움의 핵심이 진짜로 죽는 것에 있다거나, 혹은 적어도 '죽음'을 떠올리는 데 있다는 뜻이 아니다. 즐거움이 너를 죽이거나 너를 죽음으로 이끈다면, 혹은 네 삶을 인간적으로 만드는 것을 (복잡한 인간의 삶 안에서 역지사지를 가능하게 하는 것을) 네 안에서 죽게 만든다면, 그것은 즐거움으로 변장한 형벌이며 우리의 적인 죽음이 삶의 행로에 파놓은 비열한 함정일 것이다.

윤리의 핵심은 인간의 삶이 가치가 있다는 사실, 심지어 삶의 노고조차 가치가 있다는 사실을 역설하는 데 있다. 그리고 이 노고가 가치 있는 이유는 우리가 이것을 통해 삶의 즐거움에 이르게 되기 때문이다. 삶의 즐거움에는 항상 고통이 따른다. 이것은 우리에게 주어진 운명이다. 만일 삶에 따르는 노고와 죽음이 마련해 주는 즐거움 사이에서 선택해야 한다면 나는 주저하지 않고 삶의 노고를 선택할 것이다. 삶을 누리는 것이 죽음의 파멸에 이르는 것보다 더 좋은 일이기 때문이다. 나는 삶에서 도피하게 해 주는 즐거움이 아니라 삶을 의미 있게 만들어 주는 즐거움을 원한다.

중용, 자유로운 인간의 가장 근본적인 능력

이제 질문 중의 질문, 모든 질문 중에서 가장 중요한 질문을 하겠다. 우리의 삶에 주어진 가장 커다란 상은 무엇일까? 우리의 노력이 얻어 낼 수 있는 최고의 히트 상품은 무엇일까? 다정한 애무, 말, 음악, 지식, 기계, 엄청난 돈, 특권, 명예, 권력, 사랑, 윤리, 혹은 네 머리에 떠오르는 다른 어떤 것? 대답이 너무 단순해서 네가 실망하지 않을까 걱정되는구나. 우리가 얻을 수 있는 최상의 것은 바로 **기쁨**이다. 우리를 기쁨으로 이끄는 모든 것은 (절대적으로는 아니라고 할지라도 적어도 하나의 관점에서는) 우리의 삶을 풍성하게 한다. 그리고 우리를 기쁨으로부터 회복이 불가능한 먼 곳으로 떨어뜨려 놓는 모든 것은 잘못된 일이다. 기쁨이란 무엇일까? 그것은 삶에 대한 자발적인 긍정이다. 우리가 전혀 기대하지 않았던 순간에 우리의 내면에서 저절로 우러나오는 긍정 말이다. 기쁨은 우리의 존재에 대한 긍정, 혹은 좀 더 엄밀하게 표현하면 '우리가 생각하는' 우리의 존재에 대한 긍정이다. 기쁨을 느끼는 사람은 이미 최고의 상을 받았음을 알고 있으며 아쉬울 게 없다. 기쁨을 알지 못하는 사람은 - 그가 아무리 똑똑하고, 아름답고, 건강하고, 부유하고, 권력이 있고, 성스럽다고 할지라도 - 불쌍한 사람이다. 그에게는 가장 중요한 것이 빠져 있다.

그러니 이 말을 명심하기 바란다. 즐거움은 기쁨에 봉사하는 한에서는 찬양받을 가치가 있다. 하지만 그것이 기쁨을 흐리게 하고 위협할 때는 전혀 그렇지 않다. 즐거움의 음(-)의 한계는 고통이나 죽음이 아니라 기쁨이다. 어떤 특수한 감각적 쾌락 때문에 기쁨을 잃어버리면 우리는 우리에게 적합하지 않은 즐거움을 누리게 된다. 기쁨은 - 네가 내 말을 이해하고 있는지 잘 모르겠다. 하지만 나로서는 더 나은 표현을 찾기가 어렵구나 - 즐거움과 고통, 죽음과 삶을 모두 포괄하는 경험이다. 기쁨은 즐거움과 고통, 죽음과 삶을 활짝 열린 마음으로 받아들이는 경험인 것이다.

즐거움을 기쁨에 봉사하도록 하는 삶의 기술, 즐거움을 싫증 나는 향락에 빠지지 않도록 해 주는 덕을 사람들은 오래전부터 **중용**이라고 불러 왔다.

중용은 자유로운 인간의 가장 근본적인 능력이다. 하지만 요즘 세상에서 중용은 별로 인기가 없다. 사람들은 중용을 철저한 **금욕**이나 금지로 대체하려 한다. 자동기계와 같은 사람으로 태어난 자들은 우리가 나쁘게 사용할 가능성이 있는 것을 (남용하는 것을) 좋게 사용하도록 노력하는 대신에, 그것을 완전히 거부하거나 외부에서 금지함으로써 자신들의 자유로운 의지를 무용지물로 만든다.

그들은 자신들의 마음을 끄는 모든 것을 불신한다. 혹은 더 고약한 경우로서, 그들이 불신하는 모든 것이 그들의 마음을 끈다. "오락실에 가지 못하도록 해야 돼! 노는 일에 빠져 내 인생을 낭비해 버리게 될 거야. 내게 술을 마셔 보라고 하면 안 돼! 입에서 거품을 흘리는 알코올의 노예가 되어 버릴지도 몰라." 이런 사람들은 스스로 몸을 움직이지 않으려고 안마기계를 구입하는 사람들과 마찬가지다. 이들이 억지로 즐거움을 멀리하면 당연히 그만큼 더 그것은 이들의 마음을 끌게 되고, 또 그럴수록 이들은 모든 즐거움 중에서 가장 비극적인 즐거움인 양심의 가책과 죄의식에 빠져든다.

하지만 착각해서는 안 된다. 죄의식이 어떤 사람의 마음을 끄는 경우, '범죄적인 것'만이 즐거움을 준다고 믿는 경우, 그 사람이 소리 높여 요구하는 것은 **처벌**이다. 이 세상은 자칭 '반역자'들로 가득 차 있다. 그런데 이들이 원래 바라는 건 자신들의 자유를 처벌하는 것, 그들이 홀로 유혹과 마주 서지 않도록 현세나 내세의 좀 더 높은 권력이 막아 주는 것이다.

그 반면에 중용은 즐거움과 지적인 우정을 나누는 것이다. 만일 누군가가 네가 즐거움을 누리는 동안에도 고통을 받고 있는 다른 어떤 사람이 있기 때문에 즐거움은 '이기적'인 것이라고 말한다면 이렇게 답해 주길 바란다. 물론 다른 사람들에게 가능한 한 많은 도움을 주어 고통을 받지 않도록 하는 것은 좋은 일이다. 하지만 지금 이 순간 내가 고통을 받지 않는다고 해서, 다른 사람들이 모두 원하는 즐거움을 누린다고 해서 양심의 가책을 느끼는 건 해로운 일이다. 다른 사람들의 고통을 이해하고 그것을 덜어 주려 하는 것은 앞에서 말한 대로 함께 존재한다는 의미에서의 관심을 뜻한다. 하지만 즐거움을 누린다고 해서 부끄러움을 느끼는 건 잘못된 일이다.

즐거움을 누리는 일이 다른 사람들에게 적대적인 행동이라고 믿는 사람은, 자기 자신과 다른 사람들을 불편하게 만드는 일을 즐기는 사람일 뿐이다. 자신이 참여하고 있지 않은 즐거움, 자신으로서는 허용하고 싶지 않은 즐거움을 모두 '더럽다'거나 '동물적'이라고 여기는 사람을 만난다면 그 사람이야말로 더럽고 동물적인 사람이라고 생각하면 된단다. 이 문제는 이제 충분히 설명한 것 같구나. 그렇지 않니?

존 스튜어트 밀

자유 가운데서도 가장 소중하고 또 유일하게 자유라는 이름으로 불릴 수 있는 것은, 다른 사람의 자유를 박탈하거나 자유를 얻기 위한 노력을 방해하지 않는 한 각자 자신이 원하는 대로 자신의 삶을 꾸려 나가는 자유다.

우리의 육체나 정신, 영혼의 건강을 지키는 최고의 적임자는 누구인가? 그것은 바로 각 개인 자신이다. 우리는 자신에게 도움이 된다고 생각하는 방향으로 자기 식대로 인생을 살아가다 일이 잘못되어 고통을 당할 수도 있다. 그러나 설령 그런 결과를 맞이하더라도 자신이 선택한 길을 가게 되면 다른 사람이 좋다고 생각하는 길로 억지로 끌려가는 것보다 궁극적으로는 더 많은 것을 얻게 된다. 인간은 바로 그런 존재다.

_존 스튜어트 밀, 『자유론』

귀는 소리의 울림을 원한다. 귀에 소리를 들려주지 않는 건 청각의 발달을 억누르는 것이다. 눈은 아름다움과 색깔을 보기를 원한다. 눈에 이것들을 보여 주지 않는 건 시각의 발달을 억누르는 것이다. 코는 향기와 좋은 냄새를 원한다. 코로 하여금 이런 냄새를 맡을 수 있도록 해 주지 않는 건 후각의 발달을 억누르는 것이다. 입은 정의와 불의에 대해 말하기를 원한다. 이에 대해 말하도록 해 주지 않는 건 지혜의 발달을 억누르는 것이다.

살은 화려한 것과 충만한 것을 즐기기를 원한다. 이것을 허용하지 않는 건 즐거움을 억누르는 것이다. 의지는 방해받지 않고 작용하기를 원한다. 의지가 행동으로 옮겨지도록 해 주지 않는 건 자신의 본성을 억누르는 것이다.

_**양자**기원전 약 450~380년

악덕이 덕보다 더 뛰어난 교정력을 가지고 있다. 악덕으로 가득한 사람을 견디고 나면 악덕의 끔찍함에 놀라게 될 것이다. 하지만 덕이 있는 사람을 견딘다면 너는 곧 모든 덕을 미워하게 될 것이다.

_토니 뒤베르, 『악의 ABC』

중용은 즐길 줄 아는 것을 전제로 한다. 금욕은 그렇지 않다. 중용
을 아는 사람보다 금욕적인 사람이 더 많은 것은 그 때문이다.

_게오르크 크리스토프 리히텐베르크, 『잠언집』

"정치가들에게는 윤리가 없어!"

온 사방에서 사람들이 이렇게 이야기하니까 우리도 마찬가지로 말하는 수밖에 다른 도리가 없겠구나. "정치는 수치스럽고 비도덕적인 일이야! 정치가들에게는 윤리가 없어!" 너는 아마도 이런 이야기를 이미 수천 번은 들었을 게다. 지금부터 우리가 다루려고 하는 문제들을 위해 가장 중요한 전제를 미리 이야기해 두기로 하겠다. 사람들에게 도덕을 설교하는 일이 자신의 '신성한' 의무라고 생각하는 사람들을 믿지 않는 것이 가장 현명한 일이다. 정치가건, 선생님이건, 약사건, 아니면 가난하고 평범한 사람이건 간에 말이다.

윤리는 – 이 이야기는 이미 여러 차례 했지만 다시 한번 되풀이 해도 나쁘지 않을 것이다 – 이웃사람들이 자신을 평가하는 것에 대해 포격을 가하기 위한 포탄이나 탄약이 아니다. 특히 보편적인 인간 일반에 대해서는 더욱 그렇다. 우리가 인간을 자동차처럼 공장 생산 라인에서 만들어 내게 된다고 할지라도 말이다. 윤리는 우리 자신의 삶을 더 낫게 만드는 데 기여하는 것이지 이웃사람들을 뛰어난 말솜씨로 비판하기 위한 것이 아니다. 윤리가 분명히 알고 있는 유일한 것은 우리 모두가 – 이웃사람, 너와 나, 그리고 다른 모든 사람이 – 유일무이한 존재이며, 사람들은 모두 사랑받을 만한 가치가 있는 차이를 지닌 존재라는 것이다. 따라서 "모든 사람은 (정치가, 흑인, 자본주의자, 오스트레일리아인, 소방대원 등 어떤 사람이든 간에) 비도덕적이고 윤리라고는 손톱만큼도 모른다!"라고 우리 귀에다 대고 소리를 질러 대는 사람이 있으면 사랑을 담아 이렇게 대답해 주거라. "네 걱정이나 해라, 이 멍청한 친구야. 네가 한 말이 가장 필요한 사람은 바로 너 자신이야!"

정치가들의 평판이 그토록 안 좋은 이유가 무엇일까? 민주국가에서는 직접적으로건 혹은 대의제를 통해서건 우리 모두가 정치가인 셈인데 말이다. 가장 그럴싸한 이유는 아마도 우리가 뽑은 정치가가 우리와 너무나 닮았기 때문이다. 그들이 우리보다 훨씬 못하다거나 아니면 우리보다 비상할 정도로 뛰어나다면 우리의 정부를 대표하도록 그들을 선출하지 않았을 것이다.

보통선거를 통해 권좌에 오르지 않은 통치자들(독재자, 종교지도자, 왕)만이 명성의 토대를 일반인들과 다르다는 데에 두고 있다. 이들은 권력, 신적인 영감, 태어난 가문 등의 이유로 스스로를 일반인들과는 다르다고 여기며 선거 결과에 복종하거나 일반 시민들의 목소리에 귀를 기울일 필요 없이 명령을 내릴 권리를 지니고 있다고 생각한다. 물론 이들은 '참된' 국민들이 자신들을 지지하고 있고, 자신들이 '길거리'에서 받는 열렬한 환호가 그것을 증명하며, 자신들을 지지하는 당원의 수가 얼마나 되는지를 알 필요가 전혀 없다고 확신할 것이다.

반면에 선거를 통해 공직에 오르려는 사람들은 일반인들과 마찬가지로 공공장소에 나타나 자신들에게 표를 주는 대부분의 사람들과 똑같이 자신들도 편견과 문제점, 약간의 악덕이 있는 사람이라는 것을 보여 주려 노력한다. 물론 목적은 그 사람들을 통치하는 데 있다. 이들은 당연히 사회를 개선하기 위한 방안들을 제시하고 이것을 실천할 능력이 있다고 자처한다. 하지만 이 방안들은 모두가 이해할 수 있고 토론할 수 있는 것이어야 한다. 또 정치가들은 자신들이 말했던 것만큼의 능력을 보여 주지 못하거나 진실하지 못하다는 사실이 드러나면 자리를 내놓아야 한다. 이 정치가들 중에는 점잖은 사람도 있고, 뻔뻔스러운 사람도 있으며, 계산이 빠른 사람도 있다. 그것은 소방대원이나 교사, 재단사, 축구선수, 그 밖에 다른 모든 직업의 경우에도 마찬가지다. 그렇다면 정치가라는 직업만 유독 그렇게 악명이 높은 이유는 무엇 때문일까?

첫째로 그들이 사회에서 특별히 눈에 잘 띄고 특권을 지닌 자리에 앉아 있기 때문이다. 이들이 저지르는 과오는 다른 사람들이 저지르는 잘못보다 여론의 주목을 훨씬 많이 받는다. 또 이들에게는 다른 대부분의 시민들보다 크고 작은 잘못에 빠져들 기회가 훨씬 더 많다. 이들이 명성을 누리고 질투를 받고 있으며, 또 심지어 두려움의 대상이라는 사실도 이들이 공정한 평가를 받지 못하는 데 한몫을 한다. 평등한 경쟁 사회는 위쪽으로든 아래쪽으로든 중간층에서 벗어나 있는 사람들에게 매우 가혹하다. 평균보다 뛰어난 사람들은 돌팔매를 맞는다. 평균 이하의 사람들은 아무런 양심의 가책 없이 짓밟힌다.

게다가 정치가들은 대개 자신들이 지닌 능력과 의지 이상의 것을 약속한다. 하지만 문제는 이들의 고객들이 그것을 요구한다는 점이다. 유권자들에게 미래의 가능성을 과장하지 않거나 희망보다 어려움을 강조하는 정치가는 그 즉시 홀로 유세장에 서 있게 될 것이다. 우리는 정치가들이 초인적인 능력을 지니고 있다고 믿고 있기 때문에 그들이 안겨 주는 불가피한 실망을 용서하지 않는다. 우리가 처음부터 그들을 그리 많이 믿지 않았다면 나중에 가서 그만큼 더 그들을 불신하게 되지는 않았을 것이다.

하지만 그들이 평범한 사람들이고, 머리가 둔하고, 심지어 (너나 나와 마찬가지로) 약간은 '범죄적'이기도 하다는 사실은 결코 나쁜 일이 아니다. 바로 그 때문에 그들을 비판하고, 감시하고, 때가 되면 관직에서 내쫓을 수 있으니까. 오히려 더 나쁜 건 그들이 완벽한 '추장'인 경우일 것이다. 이 경우에는 그들이 진리를 가졌다는 망상에 사로잡혀 있어 총부리를 겨누어야만 집으로 돌려보낼 수 있기 때문이다.

정치나 사회 때문이라고 핑계 대지 말자!

우리의 도움 없이도 얼마든지 많은 혼란을 불러일으킬 정치가들 이야기는 이제 그만하기로 하자. 너와 내게 중요한 문제는 정치와 윤리가 서로 어떤 관계에 있는가 하는 것이다. 두 영역 모두가 더 나은 삶을 추구한다는 점에서 정치와 윤리의 목표는 큰 차이가 없는 것으로 보인다. 윤리의 목표는 모든 사람이 가장 적합하고 옳은 것을 선택해 멋진 삶을 추구하게 하는 것이고, 정치의 목표는 사회적 공동생활을 가능한 한 최선의 방식으로 조직해 모든 사람이 자신에게 가장 적합한 것을 (선거를 통해) 선택하도록 하는 것이다.

어느 누구도 고립되어 혼자 살아갈 수는 없기 때문에 (다른 사람을 대우하는 것이 멋진 삶의 토대라는 점을 이미 네게 이야기한 바 있다) 멋진 삶을 살고자 하는 윤리적 관심을 지닌 사람이라면 정치를 완전히 도외시할 수는 없다. 이는 편안한 집에서 살기를 원하지만, 지붕이 새고, 쥐가 들끓고, 난방이 안 되고, 지반이 약해 잠자는 동안 집이 폭삭 무너져 내릴지도 모르는 현실에 대해서는 알려고 하지 않는 사람의 경우에 비유할 수 있다.

그렇지만 윤리와 정치 사이에는 중요한 차이점들이 있다. 첫째로 윤리는 **개인**이 (너, 나, 혹은 다른 누군가가) 자신의 자유를 가지고 행하는 일에 관심을 갖는 반면에, 정치는 **다수**가 그들의 자유를 가지고 행하는 일을 전체에 가장 유리하도록 조정하는 데 목표를 두고 있다. 윤리에서 중요한 건 올바른 것을 원하는 일이다. 사람들이 자유로운 의지를 가지고 행하는 것만이 (원하건 원하지 않건 간에 사람들에게 일어나는 일이나, 강제적으로 어쩔 수 없이 해야 하는 일이 아니라) 윤리에서 다루는 문제이기 때문이다. 반면에 정치에서는 어떤 목적으로 그 일을 행했는지는 상관없이 오로지 행위의 결과만이 중요하다. 그래서 정치가들은 주어진 모든 수단을 써서 ─강제력을 포함해─ 특정한 결과를 강요하거나 방지하려 한다.

신호등(교통법규)이라는 평범한 예를 들어 보자. 도덕적인 관점에서 중요한 것은 (규칙을 어겼을 때 다른 사람이 입을 수 있는 피해를 역지사지해 보편적인 이익을 받아들임으로써) 신호등을 잘 지킬 것을 원하는 일이다. 하지만 정치적으로 중요한 것은 처벌이나 감옥이 두려워 그렇게 할지라도 다만 신호등을 잘 지키게 만드는 일이다. 정치가들이 볼 때 두려움 때문이건, 관습 때문이건, 아니면 이성적 신념 때문이건 간에 신호등을 잘 지키는 사람은 모두 '선한' 사람이다. 반면 윤리에서는 자유의 사용을 올바르게 이해하고 있는 마지막의 경우만 높은 평가를 받는다. 한마디로 말해 개인이 스스로에게 제기하는 윤리적 문제와 (다른 사람과는 상관없이 내가 어떤 존재이기를 원하는가?) 다수가 가장 바람직하고 조화로운 방식으로 기능하는 것을 원하는 정치 사이에는 중요한 차이가 존재한다.

여기서 중요한 문제는, 윤리는 정치에 기대서는 안 된다는 것이다. 이 세상은 정치적으로 살 만한 곳이 못 된다는 이야기에, 세상은 과거 어느 때보다도 더 악하게 되었다는 이야기에, 이처럼 불의가 판치고 폭력적이고 비정상적인 상황에서 (윤리적인 의미에서) 멋진 삶을 산다는 것은 불가능하다고 말하는 사람들의 이야기에 귀 기울이지 않기를 바란다. 그런 이야기는 모든 시대에 걸쳐 있어 왔다. 그리고 그것은 옳은 말이기도 하다. 인간 사회는 사람들이 흔히 하는 멋진 표현대로 '다른 세상'이 아니라 과오와 잘못, 범죄로 가득 찬 세상이기 때문이다.

하지만 모든 시대에 걸쳐 멋진 삶을 살았거나, 혹은 적어도 그러기 위해 많은 노력을 쏟은 사람들은 항상 있었다. 그 안에서 자신을 계발하도록 운명 지어진 사회를 개선하기 위해 그들은 할 수 있는 모든 노력을 함께 쏟았다. 이것이 불가능한 경우 적어도 사회가 더 나빠지게 만들지는 않았다. 이들은 정치적으로 조직된 인간 사회가 좀 더 인간적이 되도록, 다시 말해 좀 더 비폭력적이고 정의로워지도록 투쟁했다. 그리고 오늘날에도 이 투쟁은 계속되고 있다. 이것을 의심하지 말기 바란다. 이들은 완전성과 참된 인간성을 추구했지만 주변의 모든 것이 완전하고 인간적일 것을 기대하지는 않았다. 그들은 멋진 삶을 살고 다른 사람들도 여기에 동참하게 하는 데 가장 뒤처진 사람이 아니라 가장 앞선 사람이 되기를 원했다. 아마도 주변 상황 때문에 그들은 상대적으로만 멋진 삶, 그들이 바랐던 것보다는 더 못한 삶을 살았을 게다. 그래서 어떻다는 거지? 그들이 점점 더 나쁜 사람이 되어 세상에서 가장 나쁜 것이 그들의 마음을 끌고, 가장 좋은 것이 그들의 마음에서 멀어지게 되었다면 그게 더 합당한 일이었을까?

네가 시장에 나와 있는 식료품들 중에서 건강에 해로운 것과 이

로운 것을 잘 알고 있다면 너는 건강에 이로운 식료품을 먹으려 하지 않겠니? 아니면 대부분의 사람들을 좇아 해로운 음식으로 네 몸을 상하게 만들겠니? 어떤 정치 질서도, 사람이 절반도 선하게 살 수 없을 만큼 그렇게 나쁘지는 않다. 상황이 아무리 어렵다고 해도 행동의 최종 책임은 그 사람 개인에게 있으며 다른 모든 것은 그저 변명일 뿐이다. 주변 상황이 악한 행동을 허락하지 않아서 모든 사람이 '자동적으로' 완벽하고 선한 정치 질서를 꿈꾸는 것은 (이것을 사람들은 유토피아라고 부른다) 모래 속에 머리를 박으려 하는 것과 마찬가지의 일이다. 아무리 악한 것들이 많다고 할지라도 선을 원하는 사람에게는 언제나 선한 것이 주어진다. 사회가 아무리 선하다고 해도 악한 것을 원하는 사람은 그것을 얻어 내는 법이다. 내 말에 동의하니? 이것을 우리는 '자유'라고 불러 왔다.

정치 공동체가 이루어야 할 최소한의 요구

윤리적인 관점, 멋진 삶에 도움이 되는 것을 추구하는 관점에서 우리가 힘껏 노력해 이루고 지켜야 할 정치체제는 어떤 모습일까? 우리가 지금까지 이야기한 것을 다시 한번 되돌아보면서 (내가 너무 많은 말을 해서 네가 다 기억할 수 있을지 걱정이다) 이상적인 모습을 그려 보기로 하자.

- 윤리의 모든 연구 과제는 자유에 기원을 두고 있고, 이것이 없이는 가치 있는 멋진 삶이 불가능하기 때문에 바람직한 정치체제는 인간의 자유가 지니는 공적인 측면을 최고로 존중하고 (역으로) 최소로 제한해야 한다. 집회와 결사의 자유, 표현의 자유, 예술과 학문의 자유, 직업과 관심에 따른 노동의 자유, 공적인 문제에 참여하는 자유, 거주와 이동의 자유, 육체와 영혼의 즐

거움을 누릴 수 있는 자유 말이다. 한마디로 모든 독재가 없어야 한다. 특히 '우리 모두의 최선'을 위한다는 독재, 혹은 같은 말이지만 '만인의 복지'를 위한다는 독재는 사라져야 한다.

개인이건 전체건 간에 우리의 최선은 자유에 있다. 물론 자유에 중요한 의미를 부여하는 정치체제는 각 개인의 행위와 무위에 대한 (여기에서 내가 무위라는 말을 쓴 것은 때로 **아무런 행동도 하지 않음으로써** 더욱 강력한 의지를 표현하는 경우도 있기 때문이다.) 사회적 **책임**도 강조한다. 일반적으로 인간의 공적과 과오에 대한 책임을 인정하지 않을수록 (이 경우 사람들은 공적과 과오가 '역사', '사회', '유기체의 화학적 반응', '광고', '악마' 등으로 인한 결과라고 말한다.) 개인적 자유도 그만큼 적게 인정한다. 개인이 완전한 책임을 지지 않는 정치체제에서는 대개 통치자들도 역사적 '필연성'에 따라, 혹은 '국가이성'의 명령에 따라 행동했다는 이유를 들어 책임을 회피하려 한다. 세계 전체가 상황의 '희생자'이고 세계 전체에 '죄'가 있다고 말하는 정치가들을 조심해라.

● 우리들이 이미 살펴보았듯이 멋진 삶의 근본적인 원칙은 인간을 인간으로서 대우하는 것, 다른 사람들과 조화를 이룬 삶을 살기 위해 자신의 이익을 상대화하고 역지사지하는 것이다. 달리 표현하면 다른 사람의 이익을 너 자신의 이익으로, 또 너의

이익을 다른 사람의 이익으로 여기는 것을 배워야 한다. 이러한 덕을 사람들은 **정의**라고 부른다. 법과 제도를 통해 사회 구성원에게 정의를 장려하지 않고서는 올바른 정치체제가 성립할 수 없다. 개인의 자유를 제한하는 것은 오직 단 하나의 경우에만 인정되어야 한다. 그것은 인간이 인간을 장난감, 해충, 도구, 열등한 존재로 취급하는 것을 막기 위한 - 심지어 다른 방도가 없으면 폭력을 사용해서라도 - 때에 한한다.

성, 피부색, 이념, 생각과 상관없이 사람들이 다른 사람에게 대우받을 수 있는 조건을 우리는 **존엄성**이라고 부른다. 하지만 특이한 것은 존엄성은 모든 인간에게 공통된 것이면서도 동시에 각 개인이 유일하고 반복될 수 없는 존재임을 인정하도록 요구한다는 것이다. 사물은 교환될 수 있다. 사물은 유사한 것이나 더 나은 것으로 교체될 수 있다. 사물에는 가격이 있다. (모든 것을 하나의 잣대로 재게 하는 돈이 이 교환을 가능하게 한다.) 물론 위대한 예술 작품이나 자연 속의 어떤 사물들은 인간의 삶과 밀접하게 연관되어 있어 교환 대상이 될 수 없고, 세상의 모든 황금을 가지고도 그 가치를 매길 수 없음을 알고 있다. 하지만 일단 여기서 그 부분은 접어 두기로 하자. 아무튼 모든 인간은 존엄성을 지니고 있으며 돈으로 환원될 수 없다. 다시 말해 인간은 다른 무엇으로 대체될 수 없으며 따라서 어떤 인간을 더 유리하게 만들려고 다른 인간을 더 나쁘게 대우하는 것은 잘못된 일이다. 인간이 다른 인간으로 대체될 수 없다는 말은 그가 행하고 있는 기능에 대한 것이 아니라 (목수는 다른 목수로 대체될 수 있다.) 그의 참된 존재인 인격에 대한 이야기다. "나쁘게 대우해서는 안 된다"는 말로 내가 이야기하고 싶은 건 그 사람이 법의 처벌을 받거나 정치적으로 적대적인 관계에 있는 경우에도 배려와 존중을 요구할 수 있는 존엄성을 지니고 있다는 것이다. 공동의 '멋진 삶'을 추구하는 인간의 노력을 가장 심각하게 좌절시키는 전쟁이라는 조직된 범죄보다, 인간성에 대한 범죄가 더 큰 죄악이다. 인간의 존엄성 앞에서 우리 모두는 평등하다. 모든 인간은 유일한 존재이고, 교환될 수 없으며, 다른 모든 사람과 마찬가지로 사회적 인정을 받을 수 있는 권리를 지니고 있음을 인간의 존엄성이 보장해 주고 있기 때문이다.

• 인생의 경험이 우리에게 분명히 드러내 보여 주는 것은 심지어 가장 행복한 사람이라고 할지라도 육체적 고통이라는 엄연한 현실에서 벗어날 수 없다는 사실이다. 역지사지해 다른 사람을 진지하게 대우하라는 것은 같은 인간으로서 그의 존엄성을 인정하라는 뜻일 뿐만 아니라 자신의 잘못이나 불행한 사고 혹은 생물학적 이유로 인한 고통과 불행을 동정할 줄 알라는 뜻이기

도 하다. 인간은 질병과 노화, 극복할 수 없는 약점, 고독, 심리
적·정신적 장애, 가장 사랑하는 사람이나 소중한 사람을 잃는
일, 강자의 위협과 폭력 등으로 고통을 받는다.

바람직한 정치 공동체는 자기 자신을 도울 수 있는 능력이 부
족한 사람들을 가능한 범위 안에서 돌보아 주어야만 한다. 여
기서 중요한 문제는 이렇게 돌보는 일이 결코 인간의 자유와
존엄성을 희생시켜서는 안 된다는 것이다. 때로 국가는 정신
적, 육체적 장애인들을 돕는다는 구실로 국민 전체를 장애인
취급하는 경우가 있다. 불행이 우리의 권리를 다른 사람들의
손에 넘겨주고 개인에 대한 집단적 권력의 지배를 강화하는 구
실이 되는 것이다. 따라서 권력은 결핍과 취약함을 제거하는
일에만 사용되어야지 냉혹하고 권위주의적인 '공동체 감정'의
이름 아래 영구화되어서는 안 된다.

윤리의 정신에 따라 멋진 삶을 살기를 원하는 사람은 인간의 정
치 공동체가 **자유와 정의, 복지**의 기반 위에 서기를 원해야만 한다.
지난 2세기가 흐르는 동안 현대 민주주의는 (처음에는 이론적으로, 그 후에는
점차 실천적으로) 정치 공동체가 이루어야 할 이 최소한의 요구를 실현해
왔다. 수치스럽게도 아직 현실에 구현된 것보다는 이루어야 할 목록
이 훨씬 더 많은 이른바 '인권'은 소수 사람들이 아니라 우리 모두를

위해 윤리가 추진해야 할 일이라고 할 수 있다. '우파', '좌파', '자유파' 아니면 그 밖의 어떤 정치적 입장을 선택할지는 너 자신의 문제다. 내게는 이 낡아 버린 이름들이 아무 상관없으니까.

멋진 삶을 살기 위해 결코 포기해서는 안 될 요구들

지구를 가득 채운 (그리고 계속 늘어나고 있는) 70억의 인류가 떠안은 많은 문제들이 지구적인 차원에서만 해결될 수 있고, 이 방식으로만 올바르게 규정될 수 있음은 분명하다. 수백만의 사람들을 굶어 죽게 하는 기아, 경제적·교육적 혜택을 거의 받지 못하고 있는 저개발국, 가차 없이 국민들을 억압하고 위협하는 잔혹한 정치체제, 심지어 많은 국민들이 곤궁을 겪고 있는데도 돈과 지식을 무기를 만드는 데 쏟아 붓는 부유한 나라들을 생각해 보아라. (경제와 통신으로 하나가 되었는데도) 여전히 계속되고 있는 현대 세계의 정치적 분열이 이 모든 악을 영구화하고 제시된 해결책들을 방해하고 있다는 것이 내 생각이다.

하나의 예를 더 들어 보자. 세계의 거의 모든 악을 제거할 수 있는 재원을 군비 확장에 쏟아 붓는 군국주의와 침략 전쟁이 (역지사지하는 대신에 다른 사람들을 억압하는 비도덕적 행동이) 세계 도처에서 기세를 떨치고 있다. 모든 집단에서 전쟁놀이에 대한 애착을 제거할 수 있을 만큼 충분한 권력을 지닌 세계 차원의 당국 외에 그런 미친 짓을 막을 수 있는 다른 가능성이 있다고 생각하니?

앞서 나는 이 세상에는 다른 무엇으로도 대체될 수 없는 것들이 존재한다고 말한 바 있다. 식물과 동물, 그리고 우리 인간이 살고 있는 지구는 다른 어떤 것으로도 대체될 수 없다. 우리가 이 지구를 탐욕과 어리석음으로 파괴해 버린 후에 다른 어떤 세계를 사들이는 것도 가능한 일로 보이지는 않는다. 지구는 고립된 점들과 부분들로 이루어진 집합이 아니다. 이 지구를 함께 살아가는 아름다운 곳으로 유지하는 일은 일부 사람들의 근시안적이고 냉혹한 장사꾼의 논리가 아니라 세계 공동체 내의 인간들 모두에 의해서만 이루어질 수 있는 과제다.

내가 궁극적으로 말하고자 하는 바는 종족이 아니라 인류 전체를 포괄하는 인간 공동체만이 원칙상 정치적 의미를 지닐 수 있다는 것이다. 생활양식의 다양성은 매우 중요하다. (그렇지 않다면 얼마나 지루할지 상상해 보렴.) 하지만 그 전제 조건으로서 상호 관용이라는 최소한의 규칙은 있어야 한다. 또 어떤 문제들은 모든 인간이 함께 협력해 해결해야 한다. 그렇지 않다면 문화의 다양성이 아니라 범죄의 다양성만이 존재하게 될 것이다.

바로 이런 이유로 인간 전체를 대립으로 몰고 가는 독단적 주장, 즉 사이비 과학의 환상으로 무장하여 인간을 일등 인종, 이등 인종, 삼등 인종으로 구분하는 **인종주의**, 개인을 하찮게 취급하고 집단적인 정체성만을 중시하는 편협한 **민족주의**, 다양한 견해가 평화롭게 경쟁하는 것을 허락하지 않고 전 세계를 향해 오직 자신들이 '진리'라고 믿는 것만을 존중하도록 요구하는 광신적인 정치적 · 종교적

이데올로기를 나는 혐오한다.

하지만 지금은 정치 문제로 너를 성가시게 하거나 신적인 것과 인간적인 것에 대한 내 모든 생각을 네게 이야기하지는 않겠다. 이 마지막 장에서 네게 이야기하고자 하는 바는 멋진 삶을 살고자 하는 모든 사람이 결코 포기해서는 안 될 요구들이 있다는 점이다. 다른 것들에 대해서는 나중에 다시 이야기할 기회가 있겠지? 다른 책에서 말이다.

몽테스키외

내게는 이익이 되지만 내 가족에게는 해가 되는 어떤 일이 있다면 나는 그것을 내 생각에서 몰아내 버릴 것이다. 내 가족에게는 이익이 되지만 내 조국에는 해가 되는 일이 있다면 나는 그것을 잊어버릴 것이다. 내 조국에는 이익이 되지만 유럽에는 해가 되는 일이 있다면 나는 그 일을 범죄로 취급할 것이다. 내가 인간인 것은 필연이지만 내가 프랑스인인 것은 우연이기 때문이다.

_몽테스키외, 『행복하고 현명한 삶』

동맹에 가담하는 것이 관습으로 정착된 건 매우 유감스러운 일이다. 아무리 양심적인 동맹이라고 할지라도 유감스럽기는 마찬가지다. 그런 관습은 인간들을 태어날 때부터 서로 적대자로 여기고 서로를 완전히 전멸시킬 때까지 날뛰게 한다. 마치 작은 언덕과 냇물로 갈라져 있는 두 민족을 동맹으로 묶어 줄 수 있는 자연적 공동체가 불가능하기라도 한 것처럼.

_토머스 모어, 『유토피아』

이 지구에는 인간이 아니라 인간들이 살고 있다. 다수야말로 지구의 법칙이다.

_한나 아렌트, 『정신의 삶』

인생은
계속 나아가는 것!

끝냈다. 물론 이런저런 곡절들은 있었지만 내 생각에는 '핵심적인' 내용은 모두 이야기한 것 같다. 물론 내가 이야기할 수 있는 범위 내에서이긴 하지만 말이다. 그 밖의 더 핵심적인 것들은 다른 사람들에게 배우거나, (좀 더 바람직하게는) 스스로 곰곰이 생각해 보기 바란다.

나는 네가 이 책을 너무 진지하게 받아들이지 않기를 바란다. 비트겐슈타인이 한 말이 옳다면 참된 윤리 책이란 있을 수 없다. 이 유명한 철학자는 **참된** 윤리 책을 쓴다는 것은 불가능하다고 생각했다. "누군가가 참된 윤리 책을 쓸 수 있다면 이 책은 세상의 다른 모든 책을 단 한 방에 날려 버리게 될 것이다"라고 그는 말했다. 그런데 너를 위해 쓴 이 책을 막 끝낸 지금 무언가를 날려 버리는 폭발 소리는 전혀 들리지 않고 내가 사랑하는 낡은 책들도 (앞에 인용한 비트

겐슈타인의 말이 실려 있는 책을 포함해) 원래의 모습 그대로 서재의 서가에 꽂혀 있다. 참된 윤리 책을 쓰는 마법이 전혀 통하지 않은 게 틀림없는 듯하다.

하지만 걱정은 안 한다. 나보다 훨씬 뛰어난 다른 많은 사람들이 쓴 책들도 비록 많은 성과를 이루어 내긴 했지만 다른 모든 책들을 허공으로 날려 보내지는 않았으니까. 어쨌거나 이들의 책은 꼭 읽기를 바란다. 아리스토텔레스, 스피노자, 칸트, 니체. 이 사람들을 직접 인용하지는 않았지만 (우리 사이의 이야기였으니까) 이 책에서 쓸모 있는 이야기들은 모두 이 사람들에게서 나온 것이란다. 내 생각을 말한 것은 다만 어리석은 부성애에서 나왔을 뿐이다. (용서해라, 하지만 물론 네가 그렇게 생각하고 있다는 뜻은 아니다.)

그러니 이 책을 너무 진지하게 받아들이지 말기를 바란다. 그 이유는 무엇보다 '진지함'이라는 것이 어리석은 사람들의 생각처럼 그렇게 확실한 지혜의 징표가 아니기 때문이다. 지혜로운 사람은 웃을 줄 알아야 한다. 하지만 이 책의 주제는 가볍게 생각하지 않기 바란다. 이 책은 네가 네 인생에서 만들어 갈 수 있는 것들에 대해 이야기하고 있다. 그리고 이것이 네 관심을 끌지 않는다면 도대체 무엇이 네 관심을 끌 수 있을지 나로서는 알지 못하겠구나.

인간이 어떻게 하면 가장 멋진 삶을 살 수 있는가? 나는 이 물음이야말로 다른 어떤 물음보다 근본적으로 중요하다고 생각한다. 얼핏 보기에 훨씬 중요하게 여겨지는 다음과 같은 물음보다도 말이다. "삶에 의미가 있는가? 삶에 가치가 있는 것일까? 죽은 후에도 삶이 있는가?"

삶에는 의미가 있다. 그것도 단 하나의 의미만 있다. 인생은 계속 나아가는 것이다. 인생은 (스포츠 경기에서처럼) 슬로 모션으로 재생할 수 없다. 우리는 인생 게임을 반복할 수 없고 새로 고칠 수도 없다. 따라서 우리는 우리가 무엇을 원하는지 곰곰이 생각해야 하고 우리가 행하는 것에 주의를 기울여야 한다.

또 한 가지 중요한 게 있다. 실패했다고 해서 용기를 잃지 말아야 한다. 왜냐하면 인생에는 운명도 함께 작용을 해서 우리가 매번 목표에 이르도록 해 주지 않기 때문이다. 삶의 의미는 어디에 있는 것일까? 우선 우리는 실패하지 않도록 노력해야 한다. 그런데도 어쩔 수 없이 실패한다면 또 시도해야 한다. 결코 포기해서는 안 된다. 삶에 가치가 있는가라는 물음에 대해서는 풍자적인 글을 즐겨 쓴 영국 작가 새뮤얼 버틀러의 말로 대신 답하고자 한다. "그것은 태아를 위한 질문이지 인간을 위한 질문은 아니다."

삶에 가치가 있는지 그렇지 않은지를 규정하기 위해 네가 어떤 기준을 선택하든 간에, 너는 그 기준을 네가 태어난 이 삶 속에서 찾아내야 한다. 심지어 네가 삶을 거부한다고 할지라도 그것을 너는 살면서 받아들인 위대한 이상이나 포부와 같은 삶의 가치들의 이름으로 행할 수밖에 없다. 삶에 가치가 없다는 결론에 도달한 사람에게도 그 판단의 기준은 결국 삶일 수밖에 없다. 그럴 수 없다면 차라리 죽음에 의미가 있는지, 죽음에 가치가 있는지에 대해 묻는 것이 더 현명할지도 모르겠다. 죽음에 대해 우리는 아무것도 알지 못하며,

우리의 모든 지식과 우리에게 가치가 있는 모든 것은 삶에서 나오기 때문이다!

그 이름에 합당한 모든 윤리는 삶에서 출발해 삶을 강화하고 풍요롭게 한다고 나는 믿는다. 세상의 누구도 우리의 말에 귀 기울이려 하지 않기 때문에 한 번 더 이야기를 해야겠다. 선한 사람이란 죽음에 대해 적극적으로 반감을 느끼는 사람이다. 주의해야 한다! 나는 '반감'이라고 했지 '불안'이라고 말하지 않았다. 불안에는 항상 약간의 존경과 강력한 굴복의 의미가 숨어 있다. 나는 죽음이 그리 많은 존경을 받아야 한다고 생각하지 않는다. 그런데 죽음 이후의 삶이 있는 것일까?

나는 사후의 명성이든지 아니면 내세의 영원한 삶이든지 간에 죽음으로써 도달할 수 있다고 하는 모든 것, 죽음을 받아들이고 이용하고 죽음과 손을 잡아 이룰 수 있다고 하는 모든 것을 불신한다. 나는 죽음 이후의 삶이 아니라 죽음 이전의 삶에만 관심이 있다. 내가 관심을 가지는 문제는 단순한 생존이나 죽음에 대한 끊임없는 불안이 아니라 삶의 아름다움이다.

그래서 나는 우리가 어떻게 하면 더 멋진 삶을 살 수 있는가라는 문제에 머물러 있고자 한다. 앞선 장들에서 나는 이 문제에 대해 대답하기보다는 네가 이 문제를 더 잘 이해할 수 있도록 하는 데 더 많은 노력을 기울였다. 이 문제에 대한 대답은 네가 스스로 찾는 것 외에 다른 방법이 없다는 게 내 생각이다. 그것은 다음 세 가지 이유에서 그렇다.

1. 자칭 스승인 내게 능력이 부족하기 때문이다. 평범한 삶을 사는 것으로 만족하는 내가 어떻게 네게 멋진 삶을 사는 방법을 가르쳐 줄 수 있겠니? 나는 지금 최고의 발모제를 선전하고 있는 대머리 같다는 생각이 든다.

2. 삶은 수학 같은 엄밀한 학문이 아니라 음악 같은 예술이기 때문이다. 우리는 음악의 규칙을 배울 수 있고 유명한 작곡가들이 만든 음악을 들을 수 있다. 하지만 네가 만일 청각과 리듬 감, 목소리를 가지고 있지 않다면 그 모든 건 별 소용이 없다. 삶의 기술도 마찬가지다. 이미 적절한 조건들을 지니고 있는 사람들에게만 우리는 삶의 기술을 가르칠 수 있다. 하지만 타고난 '귀머거리'에게는 그 모든 것이 지루하고 혼란만 불러일으킨다. 물론 여기서 말하는 귀머거리들은 대개 자기가 원해서 귀가 먹은 사람들이다.

3. 멋진 삶은 대량 상품이 아니다. 이런 삶은 공장에서 뚝딱 만들어질 수 없고 중용과 절도에 따를 때만 가능하다. 유일하고 일회적이고 섬세한 개성에 따라 각자가 스스로 찾아야 한다. 다른 사람의 지혜와 모범에서 도움을 받을 수는 있지만 다른 사람이 그 역할까지 대신해 줄 수는 없다.

삶은 사용 설명서에 위험과 부작용, 복용 정량이 설명되어 있는 약품과 같은 것이 아니다. 삶에는 처방전이나 사용 설명서가 주어져 있지 않다. 윤리는 이러한 문제를 완전히 해결해 줄 수 없다. 윤리는 다만 그런 문제를 해결하려 노력해 온 사람들에 대한 역사적 기록일 뿐이다. 프랑스의 작가 조르주 페렉은 '인생 사용법'이라는 제목의 책을 썼다. 물론 이 책에서 다루고 있는 것은 윤리의 체계가 아니라 지적으로 흥미롭고 유머가 풍부한 문학적 내용들이다.

바로 이런 이유로 나는 낙태, 피임, 양심적 병역 거부 등 구체적인 문제들에 관한 교육적 지침을 주려고 하지 않았다. 더구나 뻔뻔스럽게 (도덕적이라고 자처하는 저 지겨운 사람들의 전형적인 특징인) 탄식과 분노의 어조로 과소비 열풍, 연대감의 결핍, 돈에 대한 탐욕, 가치의 위기 등과 같은 우리 시대의 '악'에 대해 설교할 생각은 더더욱 없다. 물론 나는 이런 문제들에 대해 내 나름으로 생각하고 있다. 하지만 나는 '윤리'가 아니다. 나는 네 아버지일 뿐이다. 윤리가 나를 통해 네게 말할 수 있는 건 단지 자유와 자기 책임 안에서 스스로 추구하고 곰곰이 생각하라는 것이다. 나는 길을 가는 여러 방식에 대해 네게 가르침을 주려 했다. 하지만 나는 물론이고 다른 어느 누구도 너를 어느 한 길로 데려갈 수는 없다.

이제 네게 한 가지 충고를 하는 것으로 글을 맺으려 한다. 문제는 선택이다. 그러니 장차 너를 벽에 부딪게 하는 것이 아니라 네게 더 많은 선택의 가능성을 열어 주는 길을 항상 선택하도록 해라. 너를 개방으로 이끌고 다른 사람들에게는 새로운 경험과 다양한 기쁨을 안겨 주는 것을 선택해라. 너를 좁은 곳으로 몰고 가 그곳에 파묻히

게 하려는 것을 피해라. 행운이 너와 함께하길 빈다! 그리고 네 꿈에서 폭풍이 너를 휘몰아 가려 할 때 나를 닮은 목소리가 네게 외쳤던 말, 즉 '믿음'을 가지고 살아가기를 빈다. 다시 말하지만 우리가 무엇을 하는지는 우리가 무엇을 할 수 있다고 믿는지에 달려 있다.

작별인사

사랑하는 독자들, 친구들이여 안녕 – 그대의 삶을 미움과 불안 속에서 보내지 않도록 노력하기를 빕니다!

_스탕달, 『뤼시앙 뢰방』

의무의 윤리에서
자유의 윤리로

윤리는 한마디로 '인간의 삶에 대한 가르침'이라고 할 수 있다. 윤리는 나의 삶에 대해, 그리고 인간이 성장하면서 점점 더 범위가 넓어져 가는 주변 세계와 그에 속한 사람들에 대해 취해야 할 바람직한 태도를 가르치고자 한다. 윤리는 개인과 공동체의 삶에 가장 중요한 문제들이라 할 수 있는 자유, 양심, 선과 악, 가치와 행복 등을 다룬다. 이런 문제들은 인간이 살아가면서 매일 매 순간 내려야하는 판단들의 표면을 이루는 구체적인 사안들에 가려 우리의 시야에 제대로 들어오지 않기는 하지만, 그 바탕에 항상 가로놓여 있는 중요한 문제들이다.

인류는 오랜 역사를 통해 인간의 삶에서 가장 중요한 이런 문제들에 대한 해답을 얻으려 노력해 왔다. 동서양의 모든 위대한 종교와 철학사상은 그에 대한 대답이라 할 수 있다. 문제는 그 모든 노력에도 불구하고 인간은 이런 물음들에 대해 여전히 해답을 얻지 못하고 있다는 데 있다. 그 출발점과 비교할 때 엄청난 진보를 이루어 온 다른 학문들과는 달리 윤리는 과거나 현재는 물론 미래에도 항상 출발선상에서 새로이 이러한 문제들에 대해 고민할 수밖에 없을 것이다. 이는 무엇보다도 윤리의 문제들이 가진 고유한 특성에 기인한다. 윤리가 보편적인 해답을 제시할 수 없는 궁극적인 이유는 그것이 다루는 문제들이 외적인 관찰을 통해 도달할 수 있는 보편적인 지식의 영역에 속하는 것이 아니라 인간과 삶에 대한 내적인 성찰을 통해 구해지는 각자의 깨달음의 영역에 속하기 때문이다. 다른 대부분의 학문들이 필연적 법칙에 의해 지배되는 현상세계를 대상으로 하는 반면에 윤리는 자유를 그 본질로 하는 인간의 삶을 대상으로 한다는 데에서 그 한계와 고유한 의미를 지닌다.

이 책에서 거듭 강조하고 있듯이 인간의 가장 중요한 본질은 자유로운 존재라는 것이다. 자유란 문자 그대로 '스스로 말미암음'을 의미한다. 인간이 자유롭다는 것은 인간이 살아가면서 내려야 하는 모든 판단과 그 결과인 구체적 행동이 궁극적으로 인간 각자에게 맡겨져 있음을 뜻한다. 따라서 인간이 자유롭다는 것은 인간에게 주어진 가능성뿐만 아니라 인간의 숙명적 고독을 의미하기도 한다. 가족, 사회, 국가, 인류 공동체에 속해 있는 인간은 살아가면서 서로에게 많은 도움을 줄 수 있다. 그러나 인간이 가진 가장 궁극적인 것이라 할 수 있는 삶 자체에 대해 판단과 결단을 내리는 일에 관한 한 아무도 그것을 대신해 줄 수 없다.

그러나 이처럼 삶의 궁극적인 동기가 각자의 자유에 맡겨져 있는 것이라면 윤리학이 도대체 무슨 소용이 있단 말인가? 인간의 삶에 대한 해답이 보편적인 지식이 아니라 개인적인 깨달음에 맡겨져 있는 것이라면 굳이 윤리에 대한 책을 쓰거나 읽을 이유가 어디에 있단 말인가? 윤리란 인간의 삶에 대한 보편적 지식을 제공하는 '학문'이 아니라 문제를 공유하는 인간들 사이의 진지한 '대화'라는 것이 이 곤란한 질문에 대한 적절한 대답이 될 수 있다. 대화란 자유로운 개인들 사이의 참된 '나눔'을 의미한다. 행동의 강요나 일방적 지식의 전달이 아닌 참된 대화는 우리에게 삶의 문제에 대해 스스로 올바른 판단을 내릴 수 있는 계기를 마련해 준다. 좋은 설교나 설법을 들을 때, 현인들이 쓴 좋은 책을 읽을 때, 좋은 친구와 진지한 이야기를 나눌 때 우리는 그러한 참된 대화의 힘을 경험한다. 대화는 개인적 결단에 맡겨져 있는 '나'의 고독한 실존을 '우리'라는 열린 나눔의 공간으로 이끄는 열쇠라고 할 수 있다.

페르난도 사바테르의 책 『윤리, 최대한 쉽게 설명해 드립니다』는 이러한 진지한 대화의 시도라고 할 수 있다. 실제로 이 책은 평생 윤리학을 연구한 학자가 이를 통해 깨달은 삶의 문제를 아들에게 이야기로 들려주는 대화체의 형식으로 되어 있다. 이 책에서 사바테르는 자유, 선과 악, 양심, 인간과 인간 사이의 관계, 성 윤리, 공동체 윤리 등 인간의 삶에서 가장 중요한 문제들에 대해 열린 시각에서 아들에게 이야기를 건네고 있다. 이 책의 가장 커다란 미덕은 이러한 문제들에 접근함에 있어 저자가 인간의 궁극적 자유를 근본적

출발점으로 삼고 있다는 것, 다시 말해 우리에게 당위를 따를 것을 요구하는 '의무의 윤리'가 아니라 삶의 중요한 문제들에 대해 우리에게 이야기를 건네어 스스로 판단하도록 하는 '자유의 윤리'를 제시하고 있다는 점이다.

우리 시대 대부분의 어른들과 청소년들이 윤리라는 단어에서 본능적으로 거부감을 느끼는 가장 주된 이유는 기존의 윤리학이 전통적 관습이나 국가의 이념을 강요하는 '의무의 윤리'라는 모습을 지녀 왔기 때문일 것이다. 의무의 윤리는 전통적 관습이 지배했던 봉건주의 시대와, 국민의 힘을 집결하여 고도성장을 추구했던 국가주의 시대의 윤리이다. 이 단계를 지나 개인의 자발성에 기초한 시민사회의 단계에 진입한 지금의 우리에게 절실히 요구되는 것 중 하나가 자유의 윤리이다. 그러나 이러한 시대의 요구와 실제 현실 사이에 심각한 괴리가 나타나고 있으며, 이것이 우리 사회가 현재 정치, 경제, 교육 등 사회의 모든 중요한 부문에서 겪고 있는 혼란의 주된 요인이라고 역자는 생각한다. 이 책에 생생하게 그려져 있는 자유의 윤리가 그러한 괴리를 메워 줄 수 있으리라는 것이 역자의 믿음이다.

그동안 여러 권의 책을 번역하면서 그때마다 나름으로 참된 교양의 즐거움을 맛보는 행운을 누려 왔지만 이 책만큼 번역의 기쁨과 보람을 안겨 준 책은 없었다. 이 책은 고대의 아리스토텔레스에서 근대의 스피노자, 칸트 등을 거쳐 니체, 프로이트 등 현대의 중요한 사상가들에 대한 깊고 폭넓은 이해를 바탕으로 하고 있으면서도 이들의 이름이나 어려운 개념들을 거의 언급하지 않고 유려하고 평이한 문체를 통해 이들이 제기한 문제들을 우리 자신의 문제로 자각할 수 있도록 이끌어 준다. 또 성서, 문학, 영화 등 다양한 소재를 예로서 제시하여 독자의 관심과 이해를 넓혀 주고 있는 것에서 저자의 폭넓은 소양을 엿볼 수 있다. 이 책이 30여 개 언어로 번역되어 세계 전역에서 읽히고 있는 것은 저자의 이러한 뛰어난 역량과 인격에 기인하는 것이리라. 이 책을 번역하며 마음속에 새기게 된 소망은 인문학을 공부하는 사람의 하나로서 이 책의 저자처럼 나의 아이들에게 내가 공부하여 깨달은 것을 함께 나눌 수 있는 사람이 되고 싶다는 것이었다. 이런 의미에서 참된 윤리의 공백 속에서 함께 고통 받고 있는 청소년들과 그 부모들은 물론 인문사회 분야의 학자들에게도 이 책을 읽어 보라고 권하고 싶다.

끝으로 이 책의 가치를 통찰하여 새로운 모습으로 세상에 내놓기로 한 이화북스에 감사의 인사를 전한다.

안성찬

세계사,
최대한 쉽게 설명해 드립니다

세계사의 흐름을 머릿속에
저절로 그릴 수 있게 하는
독일의 국민역사책

정치,
최대한 쉽게 설명해 드립니다

자유로운 개인들의
사회적 연대를 위한
정치 교과서

종교,
최대한 쉽게 설명해 드립니다

문학·역사·철학·과학의
시각으로 들여다보는
세상의 모든 종교

국립중앙도서관 서평전문가 추천도서

철학,
최대한 쉽게 설명해 드립니다

스스로 생각하는
힘을 키워 주는
철학 교양서

전쟁과
평화의 역사,
최대한 쉽게 설명해 드립니다

전쟁의 역사에서 찾아내는
평화의 비밀

전국역사교사모임 추천도서

그리스 로마 신화,
최대한 쉽게 설명해 드립니다

그리스 로마 신화의
맥을 잡아 주는
50가지 재미있는 강의

윤리,
최대한 쉽게 설명해 드립니다

전 세계 30개 국
100만 청소년들의
윤리 교과서

행복의 공식,
최대한 쉽게 설명해 드립니다

전 세계 언론이 격찬한
행복 사용설명서

누구나 인간 시리즈

한나 아렌트
세계 사랑으로 어둠을 밝힌
정치철학자의 삶

한나 아렌트를 처음 만나는
이들을 위한 선물과도 같은 책

국립중앙도서관 사서 추천도서

조제프 푸셰
어느 정치적 인간의 초상

최고의 전기 작가
슈테판 츠바이크의 역작

쇼펜하우어
쇼펜하우어와
철학의 격동시대

전 세계가 인정하는
쇼펜하우어 대표 전기

니체
그의 사상의 전기

프리드리히
니체 상 수상작

츠바이크 선집

광기와
우연의 역사
키케로에서 윌슨까지
세계사를 바꾼 순간들

전 세계 50여 개국 출간
최고의 전기 작가
슈테판 츠바이크의 대표작

에리히 캐스트너 시집

마주 보기
에리히 캐스트너 박사가
시로 쓴 가정상비약

교과서 토론 시리즈

교과서 토론
| 4차 산업혁명 |

4차 산업혁명을 둘러싼
흥미진진한 맞짱 토론

교과서 토론
| 환경 |

환경 쟁점을 둘러싼
흥미진진한 맞짱 토론

누구나 탐구 시리즈

누구나 탐구
| 날리기 과학 |

현직 과학 선생님들이 만든
20가지 과학 탐구 실험

공부법

서울대 합격생
엄마표 공부법

서울대 합격생
엄마들의 입시 성공 노하우
전격 공개